돈을 버는 것과 불리는 능력은 다르다.
끈질기게 타는 비법 책과 함께
깊이 반겨서 이겨내길 바란다.

김호중 Dream.

# 레버리지 서클

## 레버리지 서클
### 젠트리피케이션을 해결하는 새로운 세계관

초판 1쇄 발행 2024년 2월 23일
초판 4쇄 발행 2024년 5월 24일

| | |
|---|---|
| **지은이** | 강호동 |
| **발행인** | 박종훈 |

| | |
|---|---|
| **기획** | 박은정 |
| **책임편집** | 퍼블루션 |
| **구성** | 노준승, 한수정 |
| **디자인** | 김태수 |

| | |
|---|---|
| **브랜드** | 북그로스 |
| **주소** | 경기도 남양주시 별내중앙로 30 |

| | |
|---|---|
| **인스타그램** | @book_growth0308 |
| **이메일** | somniator30@gmail.com |

| | |
|---|---|
| **발행처** | 주식회사 리더북스 |

출판신고 2023년 2월 21일 제 399-2023-000016호

© 강호동, 2024

ISBN 979-11-984456-1-2 03320

북그로스는 주식회사 리더북스의 단행본사업부의 브랜드입니다.
이 책은 저작권법에 의해 보호를 받는 저작물이므로 무단 전재와 무단 복제를 금합니다. 이 책 내용의 전부 또는 일부를 이용하려면 반드시 저작권자와 주식회사 리더북스의 서면동의를 받아야 합니다.

책값은 뒤표지에 있습니다.
잘못된 책은 구입하신 곳에서 바꾸어드립니다.

젠트리피케이션을 해결하는 새로운 세계관

# 레버리지 서클

강호동 지음

## 차례

프롤로그 당연한 줄 알았던 '등가교환'이 당연하지 않은 세상     8

### 1부 건물주의 레버리지가 되어버린 자영업자들

**1장 젠트리피케이션의 희생자들**     25
    장사는 잘되는데 나는 왜 부자가 되지 못할까요?     26
    인류가 해결하지 못한 난제 젠트리피케이션     35
    우리는 답을 찾을 것이다, 늘 그랬듯이     42
    **레버리지 서클 실전노트①** 건물주의 갑질에서 살아남기     47

**2장 젠트리피케이션을 뛰어넘는 유일한 전략, 레버리지 서클**     53
    유튜버가 없으면 유튜브는 망한다     54
    뛰어난 콘텐츠를 가지고도 부자가 되지 못한 사람들     60
    콘텐츠를 가진 사람이 건물주가 된다면?     68
    레버리지 서클만 알면 젠트리피케이션은 없다     76

## 2부 레버리지 서클을 만드는 세계관 재정립

**3장 콘텐츠를 레버리지로 만드는 전략**    85
   '등가교환'이 당연하다는 믿음    86
   경쟁력 있는 콘텐츠는 '기본기'에서 나온다    92
   결핍과 단점을 무기로 바꾸는 법    105
   **레버리지 서클 실전노트②** 자영업자를 위한 마케팅 노하우    119

**4장 건물주 되기 위한 기본기**    125
   하려고 하면 보이고, 들으려 하면 들린다    126
   건물주가 되려면 책부터 읽어야 한다    134
   생각은 짧게 실행은 빠르게    142
   **레버리지 서클 실전노트③** 건물주 되고 싶은 사람의 필독서    147

## 3부 레버리지 서클이 당신을 건물주로 만든다

**5장 자영업자를 위한 입지는 따로 있다**     157
    자영업자가 건물주 되는 5단계 로드맵     158
    자영업자에게 부동산이 어렵지 않은 이유     166
    자영업자를 위한 입지분석 매뉴얼     174
    입지를 보는 직관은 타고나는 게 아니다     182

**6장 저평가된 건물을 찾아내는 '이면을 보는 눈'**     191
    노른자보다 값진 흰자 전략     192
    안 팔리는 건물주 설득하는 법     200
    작은 손해 피하려다 큰 이득을 놓친다     206
    사소한 것을 놓치면 큰 손해를 본다     212

**7장 적은 돈으로 건물주 되는 공동투자 노하우**     217
    건물, 꼭 혼자서 살 필요는 없다     218
    공동투자는 동업이 아닌 협업이다     225
    공동투자 시 주의사항     230

**8장 젠트리피케이션을 직접 해결한 우리가 약속해야 할 것**     235
    자영업자가 연합하는 세계관이 우리를 살린다     236

건물주가 되고 싶다면 명심해야 할 십계명　　　　　　　　　　　　　　**241**

**에필로그**　100명, 1000명의 자영업자를 부자로 만드는 그날까지　　　　**248**

## 부록  레버리지 서클 제대로 활용하기　　　　　　　　　　　　　　**253**

Ⅰ. 수지분석　　　　　　　　　　　　　　　　　　　　　　　　　　　**254**
Ⅱ. 임장 체크리스트와 물건비교표　　　　　　　　　　　　　　　　　**265**
Ⅲ. 확인 필요한 공문서　　　　　　　　　　　　　　　　　　　　　　**271**
Ⅳ. 건물 가치를 높이는 신축과 리모델링　　　　　　　　　　　　　　**279**
Ⅴ. 강호동 대표의 건물 개발 사례　　　　　　　　　　　　　　　　　**290**
Ⅵ. 라라브레드 잠실점 사례로 알아보는 임대 vs 매입　　　　　　　　**302**

<u>프롤로그</u>

# 당연한 줄 알았던 '등가교환'이 당연하지 않은 세상

**가난, 세 명의 아버지 그리고 혈우병**

나는 현재 전국에 30여 개의 매장을 가진 베이커리 회사 라라브레드의 대표로서 70여 명의 정규 직원과 더 많은 아르바이트 직원을 고용한 경영자이며, 9개의 건물을 개발한 건물주다. 현재 자산은 100억 원에 이르며, 해마다 빠르게 늘고 있다. 라라브레드 1호점을 열고 지금에 이르기까지 10년이 채 걸리지 않았다.

여기까지 말하면 '자기 자랑이나 하려고 책을 썼나?' 하고 생각할 수도 있다. 틀린 말은 아니다. 난 내가 이룬 것이 자랑스럽고, 누구에게도 당당하게 내 이야기를 해줄 수 있으니까.

당당한 이유는 단 하나, 이 모든 것을 '나 스스로' 이루어냈기 때문이다. 그

것도 '잘될 이유'브다는 '안될 이유'만 잔뜩 놓인 상황에서 말이다.

무언가를 시작하기에 앞서 실패할 이유부터 찾는 사람이 많다. 타고난 머리가 나빠서, 집안이 가난해서, 운이 없어서 그리고 '빽'이 없어서. 나로서는 도저히 긍정해줄 수 없는 이런 이유들을 '시도하지 않기 위한' 핑계로 삼는다. 만약 내기를 한다면, 난 그들이 앞서 말한 '안될 이유'가 없다고 해도 절대로 성공하지 못한다는 쪽에 걸겠다. 고등학교를 중퇴하고 무작정 서울로 올라와 20년이 훌쩍 넘는 시간을 철저히 이길 확율이 적은 팀이나 선수를 말하는 '언더독'과 같은 위치에서 싸워온 사람이기에 할 수 있는 말이다. 처절한 실패를 스스로 책임질 수 있는 사람만 짜릿한 성공도 자신의 공으로 돌릴 수 있는 법이다.

내 인생을 반으로 쪼개서 20대 중반까지의 강호동만 알고 있는 사람이라면 지금의 내 모습을 상상하지 못할 것이다. 반대로 지금의 내 모습만 본 사람은 나의 과거를 들으면 깜짝 놀란다. 한 사람의 삶이 놀라울 만큼 극적으로 바뀔 수도 있다는 말의 살아 있는 증거가 바로 나다.

나에게는 흔히 말하는 '실패할 이유'가 수도 없이 많았다. 구구절절 늘어놓자면 책 한 권으로도 부족하다. 나는 아무것도 시도하지 않기에 딱 좋은, 남들은 하나 갖기도 힘든 핑곗거리가 잔뜩 있다. 고르기도 힘들지만, 그중 세 개만 꼽아보겠다.

하나. 나에게는 평생 안고 가야 할 희소병이 있다. 한번 피가 나면 멈추지 않는 '혈우병'이다. 어린 시절, 의사는 돌려서 말했지만, 성인이 되기 전에 죽을 수도 있다고 했다. 지금도 나는 주사기를 들고 다니며 정해진 시간마다 팔에 주사를 놓는다. 혈우병은 전염성이 없는 병인데도 친구들은 나를 피했다. 내가 다치기라도 하면 끔찍한 일이 생길까 봐 두려워한 것인지도 모른다. 약과 주사 없이는 살지 못했고, 하루가 멀다고 병원에 다니느라 학교도 제대로 나가지 못했으니 성적도 바닥이었다. 남들은 당연하게 여기는 학교도, 친구도 나에게는 먼 이야기가 됐다.

둘. 나는 소위 '흙수저' 중에서도 흙수저였다. 가뜩이나 어려운 살림에 내 병원비까지 감당해야 했으니, 우리 집은 오랫동안 기초생활수급자로서 월세 7만 원짜리 쪽방에서 살았다. 30여 년 전이라고는 해도 월세 7만 원짜리 방은 한 가족이 살기에는 너무도 좁고 낡았다. 집이라기보다는 벽과 천장만 세워둔 공간에 가까웠다. 비가 새지 않는 것만 해도 다행이라 여겨야 할 정도로 열악했고, 그 낡은 집을 벗어나는 게 내 꿈이 되기도 했다.

셋. 나는 아버지가 세 명이었다. 초등학교 때 친아버지가 암으로 돌아가셨고, 의지할 데 없어진 어머니가 당신과 나를 위해 두 번의 재혼을 하시면서 아버지가 두 명이나 더 생겼다. 새아버지 둘은 공통점이 많았다. 둘 다 항상 술에 취해 있었고, 걸핏하면 나와 어머니에게 주먹을 휘둘렀으며, 둘 다 알코올중독자였다. 술기운에 이성을 잃은 그들에게는 내가 혈우병 환자라는 것도 안중에 없었다. 그들이 폭력을 행사할 때마다 나는 그야말로 죽음의 공포에 시달려야 했고, 어머니는 그런 나를 보호하느라 더 많은 폭력에 시달리셨다. 알코올중독으로 이른 나이에 세상을 떠난 것마저 두 새아버지는 똑같았다.

영화나 TV에서 "아버지는 항상 말씀하셨죠"라는 말로 시작되는 주인공의 명대사가 나올 때마다 나는 내게도 그런 아버지가, 삶의 롤모델이 되어 줄 든든한 아버지가 있으면 좋겠다는 생각을 했다. 남들은 한 명뿐인 아버지가 충실하게 해주던 그 역할을, 내게는 세 명이나 되는 아버지 중 누구도 해주지 못했다.

### 불평은 삶을 바꾸지 못한다

나에게는 인생을 바꿀 두 번의 기회가 찾아왔다.

첫 번째 기회를 마주친 것은 열여덟 살의 어느 날이었다. 학교를 땡땡이 치고 나와서 무작정 걸었다. 그러다가 우연히 헌책방을 발견했다. 정신을 차리고 보니 무언가에 홀린 것처럼 나는 그 안에 들어서 있었다. 책을 좋아하지도 않았던 내가 왜 그날, 잔뜩 지친 상태로 그 헌책방에 들어갔는지는 지금도 의문이다.

주인 할아버지는 딱 봐도 돈 한 푼 없어 보이는 내가 서성거리며 이 책 저 책을 기웃거리는데도 모르는 척해주었다. 그리고 그때, 나는 내 운명을 바꿀 책을 또다시 '우연히' 집어 들었다. 바로 헬렌 켈러의 책이었다.

나는 앉을 생각도 못 하고 선 채로 그 책을 끝까지 읽어버렸다. 그전까지 단순히 위인전에 이름을 올린 사람 중 하나 정도로만 알고 있던 헬렌 켈러의 이야기가 문장 하나, 단어 하나까지 내 심장을 뒤흔들었다. 머릿속에서는 들어본 적도 없는 헬렌 켈러의 음성이 들려왔다.

"호동아, 세상이 얼마나 크고 넓은지 아니? 너보다 상황이 더 안 좋은 사람도 얼마든지 있단다. 나를 보렴. 하지만 누구에게나 저마다 특별한 능력 하나씩은 있단다. 네가 아직 모를 뿐, 너도 마찬가지야. 사람은 누구나 살아갈 가치가 있어. 그걸 증명해야 하는 건 자기 자신뿐이야. 계속 불평을 늘어놓는 삶과 자신을 증명하는 삶. 너는 어떤 삶을 택하겠니?"

이미 눈치챘겠지만 나는 열등감과 자격지심, 패배감에 찌든 아이였다. 가뜩이나 가난했던 집에서 희귀한 병을 가지고 태어났으니 '돈 까먹는 애물단지'가 따로 없었다. 어머니는 나를 위해 안 해본 일 없이 하루에 두세 개씩 갖은 일을 했고, 부당한 폭력까지 감내했다. 극단적인 상황은 엄마의 입에서 모진 말이 나오게 했다. 나의 존재 자체가 죄인 것만 같아서, 나 때문에 우리가 이렇게 힘들게 사는 것만 같아서 나는 어머니의 그 독한 말들을 그저 견딜 수밖에 없었다.

모든 것이 지긋지긋한 가난에서 비롯되었다. 나는 이른 나이에 포기하는 법을, 자포자기한 삶을 몸에 새겼다. 공부에 딱히 관심도 없었고, 하루하루 살아가기도 벅찬 데다 오래 살지 못할 거라는 의사의 진단까지 있었으니 하고 싶은 일을 찾는 것조차 사치라고 생각했다. 성공하고 싶다는 마음은 있었지만, 그저 막연한 생각일 뿐 어떻게 해야 할지 몰랐다. 방법을 물어볼 사람도, 가르쳐줄 사람도 없었다.

그런 내게 그날 헌책방에서 처음 만난 헬렌 켈러가 말해준 것이다. 바뀔 수 있다고, 아무리 열악한 환경에 있다고 해도 원하는 삶을 만들어갈 수 있다고, 내가 결심하기에 달렸다고 말이다. 그녀 덕에 책 한 권으로 큰 지혜를 접할 수 있다는 것도 알게 되었다. 내가 어디로 향하느냐에 따라 우물 안에 갇힐 수도, 드넓은 세상 밖으로 나갈 수도 있다는 것 역시 깨닫게 되었다. 불평을 늘어놓자면 누구보다도 할 말이 많았지만, 그럴 시간에 죽이 되든 밥이 되든 할 수 있는 것은 한번 해보자는 생각이 들었다.

'불평은 지금까지 할 만큼 했어. 그래서 달라진 게 있나? 까짓거, 뭐가 됐든 한번 해보자!'

결심을 굳힌 나는 반쯤 충동적으로 고등학교를 자퇴했고, 주위 사람들의 걱정과 우려를 뒤로한 채 서울행 기차를 탔다. 돌이켜보면 어리고 순수했던 만큼 무모하기도 했다.

## 밑바닥을 전전하다 보면 알게 되는 것들

무작정 서울에 올라온 내게는 단돈 5만 원이 전부였다. 제대로 된 방을 구할 수도 없었기에 잠깐이지만 서울역에서 노숙하며 일자리를 찾았다. 구두닦이부터 일용직 근로자, 택배 상하차 등 안 해본 일이 거의 없을 정도였다. 혈우병 때문에 조금만 걸어도 다리와 발이 퉁퉁 부었지만, 악착같이 버텨냈다. 고등학교 중퇴에 병까지 있는 나를 써줄 곳이 많지 않았으니 일단 한

번 들어가면 아무리 힘들어도, 어떤 수모를 겪어도 버텼다. 한 고깃집에서는 손님들도 보는 데서 사장에게 호되게 뺨을 맞은 적도 있다. 만화에서처럼 눈앞에 별이 반짝이는 것 같았고, 혹시라도 코피가 나거나 입안이 터졌으면 어쩌나 싶어 아찔했다.

나에게는 두 명의 새아버지 외에도 배다른 형들도 있었는데, 그들은 매일같이 나를 괴롭혔고, 한번은 그렇게 맞다가 터진 코피가 3개월 가까이 멈추지 않아 위험했던 적도 있다. 다행히 그날은 피가 나지 않았다. 그러나 나는 혹시라도 사장이 나를 해고할까 두려워 재빨리 주방으로 들어가서 누구도 손대기 싫어하는 불판을 닦았다.

어떤 모진 일을 겪더라도 쉽게 포기하고 고향으로 돌아갈 수는 없었다. 포기는 습관이 된다. 포기하는 습관으로는 절대로 삶을 바꿀 수 없다. 그래서 나는 서럽고 억울한 나날 속에서도 악착같이 나를 밀어붙였다. 이런 하루하루가 모여 내가 원하는 미래가 만들어진다는 믿음이 있었다. 안 먹고 안 쓰면서 모은 돈이 통장에 쌓여가는 만큼 내 꿈도 같이 커나갔다. 내 가게를 가진 사장님이 되고 싶었고, 돈 걱정 없이 살고 싶었다. 그리고 언젠가는 헬렌 켈러처럼 누군가에게 희망을 주는 사람이 되고 싶었다. 그렇게 되려면 뿌리 깊고 튼튼한 나무가 되어야 한다고 생각했다.

'지금은 비록 아무것도 안 보이지만, 나는 땅속 깊이 뿌리를 내리는 중이다. 이 뿌리는 어떤 태풍이 와도 끄떡없을 것이다.'

이런 다소 맹목적인 믿음 덕분에 남들의 차가운 시선에도 묵묵히 내 길을 걸을 수 있었고, 악착같이 일해 8년 동안 1억 1000만 원을 모았다. 이 알토란 같은 종잣돈으로 그향인 광주에서 첫 장사를 시작했다.

처음에는 주위에서 다들 비결을 물어볼 만큼, 작은 맥줏집이지만 장사가 잘됐다. 그러나 내 뿌리는 생각만큼 땅속 깊이 내리지 못했던 모양이다. 성공이랄 것도 없을 만큼 소소했던 그 작은 성취에 취해 가게를 비우는 날이 잦았고, 그간의 고생을 보상받겠다는 듯 분수에 맞지 않는 비싼 차를 몰았다. 고등학교 중퇴라는 딱지 때문에 나를 무시했던 친구들을 불러 거하게 술판을 벌이고는 내가 계산하곤 했다. 그리고 그런 방만함과 오만함은 호된 결과로 돌아왔다. 이내 단골이 모두 떨어져 나가고 매장은 파리만 날렸다. 이때 경험 덕분에 이후로는 최소한 내 사업을 방치하는 어리석은 짓은 하지 않게 됐다.

이후로는 몇 번의 부침을 겪고 성공도 맛보고 쓰라린 실패도 겪으면서, 나는 꾸준히 성장해왔다. 남들이 이제 한물간 아이템이라던 타르트 전문 매장 '타르타르'를 창업해 잘 키워냈고, 이후 '라라브레드'를 만들었다. 이제야 내가 원하는 삶이 펼쳐진다고 생각했다. 물론 말도 안 되는 착각이었다.

### '사장'이라는 허울에 가려진 소작농 신세

라라브레드는 그동안의 내 모든 노하우가 녹아든 회사다. 여러 요식업 매장에서 직원으로, 매니저로, 사장으로 일해본 경험에 타르타르를 통해 쌓았던 베이커리 카페 운영 노하우, 마케팅 회사를 운영하면서 익힌 마케팅 능력까지, 모든 것을 총동원했다. 덕분에 다들 '입지가 좋지 않다'고 말리는 곳이었음에도 매출은 수직 상승했다. 다시 '성공한 사장'이라는 말을 듣기 시작했다. 몇 번의 부침을 겪으면서 고작 그 정도 성공에 취하지는 않게 됐으나, 머지 않아 허탈해졌다. 뒤에서 자세히 설명하겠지만, 라라브레드 1호점이 입점한 건물의 건물주와는 오픈 전부터 많은 갈등이 있었다. 건물주는 그야말로 온갖 '갑질'을 일삼았고, 명백히 자신이 해야 할 일도 내게 떠넘겼다. 법대로라면 내 책임이 없는 일들이었지만, 몇백만 원 때문에 건물주와 법적 분쟁을 하느라 장사에 집중하지 못하면 오히려 더 큰 손해였다. 울며 겨자 먹기로 고스란히 손해를 떠안아야 했다. '을의 설움'을 제대로 겪으면서도 할 수 있는 일이 없었다.

더 허탈한 것은, 가치가 떨어질 대로 떨어져 있던 그 건물이 라라브레드 덕에 가치가 크게 오르면서, 건물주는 앉아서 50억 원 상승의 기쁨을 맛보았다는 것이다.

가게 하나 성공시키겠다고 새벽같이 일어나서 밥도 제대로 못 챙겨 먹고 일했다. 매장을 정리하고 밤늦게 집에 들어가서 침대에 걸터앉아 양말을 벗다가 피로를 이기지 못해 그대로 잠들어버린 적도 많았다. 그렇게까지 해서 내가 몇 년간 번 것과는 비교도 되지 않을 만큼 큰돈을, 건물주는 '갑질'만 하면서 벌었다.

"성실하게, 열심히 하는 게 제일 중요해."

어릴 때부터 지겹도록 들어온 그 말은 반만 맞았다. 열심히만 한다고 해서 온전히 그 결과를 얻는 세상이 아니었다. 진부한 표현으로 '뼈 빠지게' 일한 결과로 남들이 보기엔 장사 잘되는 가게 사장이 되었지만, 현실은 소작농이요 재주 부리는 곰에 불과했다. 내가 쏟아부은 노동과 시간으로 부자가 되는 사람은 따로 있었다.

참기 힘든 분노와 허탈함, 무력감이 치솟았다. 20년 가까이 구르고 부딪히며 쌓아온 모든 것이 부정당하는 것만 같아 참을 수가 없었다. 그리고 이런 폭발할 것만 같은 분노가 내 삶에 두 번째 기회이자 전환점을 열어주었다.

나는 문제가 뭘까를 골똘히 생각했다. 아니, 문제는 이미 알고 있었다. 당연히 내가 건물주만 된다면 이런 설움을 겪을 필요가 없을 테니까. 내 건물이니 자신에게 갑질을 할 리도 없고, 내가 장사를 잘해서 건물 가치가 올라가면 '재주도 내가 부리고 돈도 니가 버는' 격이다. 깔끔하고 공정하다. 다만 평생 장사만 해온 내가, 충분한 돈도 모으지 못했는데 어떻게 건물주가 될 수 있단 말인가!

다행히 나는 내 무기를 잘 알고 있었다. 헬렌 켈러가 말했듯 누구에게나 강점이 있게 마련이다. 나에게는 실행력이라는 강점과 책이라는 무기가 있었다. 실패할 이유만 잔뜩 가지고 있던 고등학교 중퇴자에서 자수성가한 사장이 되는 데 무기가 되어 준 바로 그것들이 다시 한번 나를 도약하게 해줄 것이라 믿었다.

그때부터 나는 건물주가 되는 방법을 찾아봤고, 늘랍게도 생각보다 많은 돈이 필요하지도, 엄청난 지식이 있어야만 하는 것도 아님을 알게 됐다. 그 과정에서 '레버리지'라는 개념과 활용법을 깨달았다. 그리고 그동안 내가 부린 재주의 대가로 건물주만 부자가 된 것 역시 내가 건물주의 레버리지로 이용당했기 때문임을 알았다.

이제 멈춰야 할 때다. 더는 남 좋은 일만 시킬 수는 없다. 내가 뿌린 씨앗의 열매는 내가 가져야 한다. '내가 뿌린 씨앗을 내가 거둔다'는 이야기 속에는 다 키워 놨더니 땅은 내 것이 아니어서 나는 소작농처럼 키우기만 하고 진짜 거둔 것은 땅 주인이 가져갔다는 숨은 이야기가 있는 것이다.

그래서 내가 가져갈 방법을 치열하게 고민한 끝에 찾아낸 전략이 바로 '레버리지 서클'이다. 이후의 모든 라라브레드 매장은 레버리지 서클을 활용해 '내 건물'에서 오픈했다. 그 결과, 5년여 만에 100억 원대 자산가가 되었다. 다른 사람의 건물에서 임대료를 내가며 장사했더라면 절대로 불가능했을 일이다.

이렇게 건물주가 되기로 마음먹고 실제로 해낸 것이 내 인생의 두 번째 기회였다. 그렇게 나는 열등감 덩어리에서 벗어나 자수성가한 사업가이자 자산가로 인정받고 있고, 더는 '을의 설움'도 겪지 않게 됐다. 그리고 내게는 꿈이 생겼다. 모든 불행을 혼자 떠안은 것만 같은 착각에 빠져 세상을 저주하던 내게 헬렌 켈러가 희망을 주었듯이 나도 누군가에게 희망이 되고 꿈을 심어주고 끝내 그 꿈을 이루게 해주고 싶다. 조금 더 솔직하게는, 자영업자들이 연대하는 세상을 만들고 싶다. 하지만 절대로 혼자서는 이루지 못할 일이다.

## 혼자서는 아무것도 바꾸지 못한다

영화 〈설국열차〉를 보았는가. 갑작스레 닥친 빙하기를 피해 영원히 달리는 열차에 오른 사람들은 각자의 부(富)에 따라 등급을 나누어 부자는 일등석에서 호화로운 생활을 누린다. 반면 가난한 자는 '꼬리 칸'의 최하층 신세로 온갖 핍박을 받으며 살아간다. 꼬리 칸 사람들은 설국열차를 만들어낸 개발자와 그 수하들의 명령에 따라 시키는 대로 순응하며 살아간다. 먹을 거라곤 정체를 알 수 없는 '에너지바'뿐이고, 가끔 '지배층'에게 불려간 사람들이 돌아오지 않아도 따질 엄두도 내지 못한다. 이들에게 설국열차는 단순히 이동수단이 아니라 평생을 살아가야 할 집이자 터전이고, 그곳의 '주인'인 지배층에 반기를 들었다가는 추위와 죽음뿐인 바깥으로 쫓겨날지도 모르기 때문이다. 아니, 그보다는 '순응하는 삶'이 그들의 몸속 깊이 새겨졌기 때문인지도 모른다.

그러나 지나친 핍박과 계속되는 억압에 반란을 모색한다. 꼬리 칸 내에도 나름의 '지도자' 역할을 하는 사람들이 있고, 그들을 중심으로 뭉친 것이다. 수많은 고초 끝에 반란에 성공하지만, 결국 기차가 전복하면서 이들은 바깥세상으로 나가게 된다.

어떻게 이런 반란이 가능했을까? 영화를 본 사람은 알겠지만, 이들은 꽤 오랜 시간 계획을 세우고 하나로 뭉쳤다. 제아무리 뛰어난 지도자가 있다고 해도 몇 명의 의지와 힘만으로 '반란'은 불가능하다. 다 같이 하나로 똘똘 뭉치지 않았다면 시작하기가 무섭게 반란은 제압됐을 것이다.

  하지만 그보다 중요한 요인이 있다. 바로, 열차의 계급 체계에 반기를 들고 불평등을 바꾸고자 한 의지와 행동이다. 그런 의지가 없었다면 반란은 시작조차 되지 못했을 것이다.

  자영업자 대부분은 꼬리 칸에 탄 신세나 마찬가지다. 건물주는 일등석 승객처럼 꼬리 칸에 탄 자영업자들의 희생으로 호화로운 삶을 누리고 있다. 이 책을 볼 사람은 대부분 꼬리 칸이거나 그 근처에 타고 있을 것이다. 어쩌면 열차에 타지도 못했을 수도 있다. 또, 누군가는 꼬리 칸에서의 삶도 충분히 행복할지 모른다. 그러나 이 책을 집어 들었다면, 틀림없이 다음 칸으로 싶다는 욕망이 있을 것이다. 아니 그 욕망이 솟구쳐야 하며, 나는 그들에게 손을 내밀고 싶다.

  모든 사람을 일등석 승객으로 만들어주겠다고 장담하지는 않겠다. 그러나 최소한 다음 칸으로 넘어가겠다는 의지를 주고 그 방법을 알려줄 수는 있다. 몸 고생 마음고생을 있는 대로 다 하고도 건물주 배나 불리는 꼬리 칸 승객으로 남고 싶지 않다면, 부디 내 손을 잡길 바란다. 이제 임차인의 반란이 시작될 때다.

  누군가에게는 이 책이 그저 내 자랑으로만 보일 수도 있다. 다른 누군가에게는 '이 사람이 해냈다면 난 더 잘할 수 있어!'라는 용기를 주는 책 또는 성공하는 방법을 알려주는 지침서가 될지도 모른다. 어느 쪽이든, 이 책을 읽는 모든 사람이 자기 삶의 주체가 되어 원하는 바를 이루어가기를 바란다. 당신은 노력한 만큼 성공하고 행복해질 자격이 있으니까.

자영업자들의 유쾌한 반란을 꿈꾸며

강호동

# LEVERAGE CIRCLE

# 1부

# 건물주의 레버리지가 되어버린 자영업자들

# 1장
# 젠트리피케이션의 희생자들

20여 년간 장사를 해오면서 내가 알게 된 가장 냉혹하고도 잔인한 깨달음은 '장사만으로는 부자가 되기 힘들다'는 것이다. 장사를 잘하고도 부자가 되지 못한 자영업자 이야기는 이제 놀랍지도 않다. 오히려 '장사를 잘해서' 부자가 되지 못한 사람도 많다. 장사를 못하면 못해서, 잘하면 잘해서 부자가 되지 못하는 것이 현실이다. 재주는 곰이 부리고 돈은 왕서방이 번다던가. 열심히 재주를 부려 왕서방에게 돈을 벌어다 주는 곰, 그게 바로 '레버리지 서클'을 이해하지 못하고 오히려 건물주의 레버리지로 이용만 당하는 자영업자의 현실이다. 물론 누군가는 장사를 사업화해 수백억 원의 매출을 올리고 부자가 될지도 모른다. 그러나 상위 0.1%에 들어도 될까 말까 한 게임은 도박과 다를 바 없다. 장사를 도박처럼 해서는 안 된다. 지금처럼 해서는 아무리 장사를 잘해도 왜 부자가 되지 못하는지부터 알아야 한다. 그게 자영업자가 부자 되는 출발점이다.

# 장사는 잘되는데
# 나는 왜 부자가 되지 못할까요?

자영업을 시작할 때 대부분은 '장사 잘되는 것'을 첫 번째 목표로 꼽는다. 손님만 많으면, 장사만 잘되면 돈을 긁어모으고 금방 부자가 될 거라고 믿기 때문이다. 그러나 고객을 확보하고 매출이 많이 나오는 것은 자영업으로 부자가 되는 '최소한의 조건'이다. 그것만으로는 결코 부자가 될 수 없다. 이미 수많은 사례가 증명하고 있다.

**사례 1**

2009년, A씨는 서촌에서 식당을 개업해 꾸준히 단골을 늘려가며 6년여간 알뜰살뜰 운영해왔다. 그러던 2015년 말, 건물주가 바뀌었다. 새로운 건물주는 해가 바뀌자마자 A씨에게 건물을 리모델링한다며 퇴거를 요청했다. 더욱이 완공 후 기존 보증금과 월세의 3~4배가 넘는 재계약 조건을 내밀었다. 터무니없는 조건이었다. 당시에도 상가 임대차보호법이 있어서 임대료 인상분이 5%를 초과할 수 없었고, 5년의 계약갱신요구권을 인정했다. 그러나 첫 계약 후 5년이 지나 재계약을 하는 A씨에게는 해당하지 않았다. 새 건물주는 이 점을 파고든 것이다. 협상의 여지조차 없이 나가라는 말과 다름없었다. A씨로서는 지난 6년의 세월을 송두리째 잃는 것은 물론이고 생계조차 이어가기 힘든 상황이었다.

A씨가 계약 조건을 받아들이지 않자 건물주는 곧장 명도소송을 제기했고, 법원은 건물주의 손을 들어줬다. 건물주는 승소하자마자 용역을 동원해 강제집행에 돌입했다. 9개월 동안 열두 차례의 강제집행을 겨우겨우 막아냈지만, 급기야 2018년 A씨가 갈등을 빚던 건물주를 쇠망치로 폭행하는 사건이 발생하면서 결국 명도로 막을 내렸다. 바로, 한 번쯤 들어봤을 '궁중족발' 사건이다.

### 사례 2

인쇄소가 가득했던 오래된 을지로 골목을 '힙지로'로 만든 주인공은 1980년 개업해 우리나라 최초의 생맥줏집으로 알려진 '을지OB베어'다. 술집으로는 드물게 오전부터 문을 열었는데, 지하철 기관사들이 근무를 교대하는 을지로3가역 인근이라 오전에 퇴근하는 기관사들에게 싼값에 맥주와 노가리를 제공하면서 인기를 끌었다. 창업주는 인근 골목까지 매일 청소하고 근처 상인들과 좋은 관계로 지내면서 성실하게 일했다. 여기에 질 좋은 생맥주와 '가성비 좋은' 안주까지 있었으니 금세 단골이 늘었다. 주위에 비슷한 호프집들이 늘어갔지만, 을지OB베어는 40여 년간 터줏대감 자리를 지켜왔고, 2013년에는 창업주의 건강 문제로 자녀 내외가 물려받았다. 2015년에는 서울시에서 '서울미래유산'으로, 2018년에는 중소벤처기업부에서 주류 점포 최초로 '백년가게'로 지정한 곳이기도 하다.

그러나 백년가게로 지정된 지 얼마 지나지 않아 문제가 발생했다. 건물주가 건물을 다른 용도로 쓰고 싶다며 계약 해지를 요구한 것이다. 사장은 임대료를 두 배로 올려주겠다고 했지만, 건물주는 받아들이지 않았다. 이 일이 언론에 보도되면서 단골들이 찾아와 을지OB베어 측을 돕기도 했다. 명도소송에서 패소하고 다섯 차례의 강제집행 시도가 있었지만, 시민단체와 단골손님들의 저지로 겨우겨우 막아냈다. 그러나 2022년 4월 새벽, 잠시 자리를 비운 틈에 용역이 기습적으로 밀고 들어오면서 결국 철거되고 말았다. 법은 건물주의 편이었다.

### 사례 3

울산에서 15년 동안 휴대전화 영업을 해온 B씨는 2013년 변화가에 새 매장을 얻었다. 입지가 좋은 곳이었음에도 1년 이상 공실이었던 곳이지만, 4년 계약 후 재계약도 얼마든지 가능하다는 건물주의 말에 B씨는 대출받아 권리금과 시설비 2억 원을 투자해 새로운 매장을 열었다. 인근에서 오랫동안 영업을 해왔고 단골손님도 적지 않았던 덕분에 매장은 늘 성황이었다.

그러던 2016년, 건물주가 바뀌었다. 이 건물주는 울산에서만 대형 휴대전화 매장을 수십 개나 운영하는 사람으로 B씨 매장이 잘되는 것을 알고 건물을 통째로 사버린 것이다. 새 건물주는 보증금과 월세를 4000만 원과 350만 원에서 각각 3억 원과 1000만 원으로 인상하겠다고 했다. B씨로서는 받아들일 수 없었고, 그는 그냥 나가는 대신 권리금이라도 회수하려고 신규 세입자를 직접 구했다. 다행히 장사가 잘되는 곳이었기 때문에 신규 세입자를 구할 수 있었다. 그러나 건물주는 신규 세입자를 만나주지도 않았다. 이러지도 저러지도 못한 채 남은 몇 달이 지났고, 결국 최초 계약 기간 4년이 지난 B씨는 가게를 비워달라는 건물주의 말에 그대로 쫓겨날 수밖에 없었다. 법적인 보호는 없었다.

### 사례 4

2019년, 인천의 카페를 인수한 C씨는 권리금과 시설비를 1억 원 가까이 들여 영업을 시작했다. 그러나 반년도 지나지 않아 코로나

19가 터졌다. 처음 1년은 어떻게든 버텼지만, 장사가 안되니 수입도 없었다. C씨는 평일은 직원을 두고 주말만 직접 운영하며 '투잡'을 뛰면서까지 카페를 유지했다. 그렇게 2년을 버텼다. 그런데 갑자기 건물주로부터 내용증명이 날아왔다. 상가 재건축을 위해 임대차 계약을 해지한다는 내용이었다. 기한이 두 달도 채 남지 않은 시점이었다. 마침 막 사회적 거리두기가 해제된 터라 이제 겨우 먹고살 만해지려던 참에 날벼락 같은 소식이었다. 건물주는 권리금이나 보상 등에 대해서는 일언반구도 없었고, 법 역시 C씨를 보호해주지 않았다.

이 예시들에는 여러 공통점이 있지만, 중요한 것은 세 가지다.

첫째, 임차인들은 하나같이 장사를 잘했다.
둘째, 그럼에도 임대인의 과한 요구에는 버티지 못했다.
셋째, 법은 임차인을 보호해주지 않았다.

놀라운 것은, 하나같이 장사가 잘됐는데도 버티지 못했다는 점이다. 아니, 엄밀히 말하자면 '장사가 잘돼서' 버티지 못했다고도 볼 수 있다. 무슨 의미일까?

## 재주부리는 곰은 왕서방 배만 불려준다

"장사만 잘해서는 부자 못 돼요."

나는 강의나 컨설팅을 할 때, 사람들에게 자주 이렇게 말한다. 타르타르부터 현재의 라라브레드까지, 내가 요 몇 년간 시작한 사업들은 장사가 남부럽지 않게 됐지만, 그럼에도 내 생각에는 변함이 없다. 결론부터 말하자면, 5년간 새벽 일찍 일어나 밤늦게까지, 주말도 반납해가며 장사에 '올인'해서 번 돈보다도 최근 2~3년 동안 건물 투자로 벌어들인 돈이 훨씬 크기 때문이다.

누군가는 말할지도 모른다.

"내가 아는 사람은 장사만 해서도 부자됐는데요?"

그럴지도 모른다. 하지만 장담하건대, 그 사람이 장사하고 있는 건물의 건물주는 훨씬 부자가 됐을 것이다. 중요한 것은 장사가 잘되느냐 안되느냐가 아니라 '건물을 가졌느냐 갖지 못했느냐'이기 때문이다.

생각해보자. 앞의 예시들에서 건물주들은 어째서 하나같이 감당 못 할 임대료를 요구한 걸까? 임차인들이 받아들이지 못하고 나가면 그 기간만큼 공실이 발생하니 손해가 아닐까? 뒤에서 더 자세히 알아보겠지만, 절대로 그렇지 않다. 건물주가 공실을 두려워하지 않고 임대료를 크게 올리는 이유는 크게 세 가지로 나뉜다.

첫째, 그 금액을 감당할 누군가를 찾을 자신이 있는 경우. 둘째, 그런 임차인을 못 찾더라도 매매차익으로 그보다 훨씬 큰 이득을 볼 거라고 믿는 경우. 셋째, 애초에 임차인을 쫓아내는 것이 목표였던 경우. 이 중 세 번째 경우는 자신이 그곳에서, 그것도 임차인과 같은 직종을 직접 운영하려는 계획일 가능성이 크다. 앞서 울산 휴대전화 대리점처럼.

셋 중 어느 경우건, '현재 영업이 매우 잘되는 곳'이어야 가능한 계산이고, 건물을 가지고 있어야만 할 수 있는 판단이다. 장사가 충분히 잘돼야 높은 임대료를 감당할 사람을 찾을 수 있고, 임차인이 들어오지 않더라도 자신이 직접 장사해서 더 높은 수익을 올릴 수도 있으며, 매매할 때도 비싼 값에 팔리기 때문이다.

모두 자영업자들이 '장사를 매우 잘해서' 건물의 가치를 높여 놓았기에 가능한 일이다. 아이러니하게도 장사가 잘될수록 건물주가 임차인을 쫓아낼 가능성도 커지는 것이다. 즉, 자영업자가 영업을 잘할수록 정작 큰돈을 버는 것은 건물주다. '재주는 곰이 부리고 돈은 왕서방이 번다'는 말이 딱 들어맞는 상황이다. 건물주가 자영업자를 '레버리지[1]'로 활용하고 있다는 의미다.

그렇다면 이런 불합리하고 불공정한 일이 벌어지는 동안 법은 무얼 하는 걸까?

## 재주부리고 난 후 쓸모없어진 곰은 버려진다

앞서 살펴본 '궁중족발 사건'을 계기로 상가 임대차보호법 개정이 이루어

---

[1] 레버리지(leverage): 사전적인 의미는 '지렛대의 힘'. 지렛대를 이용하면 적은 힘으로도 큰 물체를 움직일 수 있는 것처럼, 경제와 투자에서는 주로 대출 등 타인의 자본을 이용해 큰 수익을 올리는 것을 뜻한다. 넓게는 다른 사람의 노동력이나 지식 등을 활용하는 것까지 레버리지에 포함시키기도 한다.

졌다. 계약갱신요구권 행사 기간을 5년에서 10년으로 확대하고 권리금 회수 보호기간을 3개월에서 6개월로 연장하는 것 등이 골자다. 그러나 그로부터 수년이 지난 지금, 여전히 자영업자는 건물주들에게 시달리고 있다. 개정된 상가 임대차보호법 때문에 임대료를 마음대로 올리지 못하게 되자 교묘하게 법망을 피해 임차인을 괴롭혀 어떻게든 원하는 임대료를 받아내려는 건물주가 있기 때문이다.

2023년 1월, 뉴스에는 신사동 카페 앞을 가로막은 컨테이너 사진이 보도됐다. 임차인인 카페 사장이 임대료 40% 인상을 거부하자 이에 불만을 품은 건물주가 벌인 짓이었다. 건물주가 '주차 관리 부스'라는 명목으로 카페 앞에 세워둔 컨테이너 때문에 카페 직원과 손님들은 출입에 불편을 겪었다. 손님은 점점 줄었고, 카페 사장의 시름은 깊어져 갔다.

같은 해 2월, 창원의 한 고깃집에서는 손님의 차가 난데없이 생겨난 콘크리트 방호벽에 둘러싸여 오도 가도 못하게 된 사건이 있었다. 전세 계약 분쟁으로 고깃집 사장에게 앙심을 품은 건물주가 한 짓이었다. 손님은 결국 사흘 만에야 차를 뺄 수 있었다.

두 경우 모두 법으로 건물주를 제재하기 힘들고, 법적 조치를 취할 수 있다고 해도 임차인이 입은 피해까지 보상되지는 않는다. 이처럼 상가 임대차보호법이 개정됐음에도 여전히 임차인은 약자에서 벗어나기 어렵다. 임대료 인상 요구를 들어주지 않으면 엘리베이터를 운영하지 못하게 하거나 관리비를 과도하게 청구하는 등 법의 테두리 안에서 임대인이 임차인을 괴롭힐 방법은 많다. 많은 임차인이 지금도 보이지 않는 곳에서 고통받고 있다.

을지OB베어는 백년가게로 지정된 곳임에도 행정적 지원은 없었다. 대대적인 언론 보도와 시민단체의 힘을 입었음에도 속수무책으로 쫓겨나고 말았다. 수백 명의 자발적인 도움이 있었지만, 법이 건물주의 손을 들어준 이상 정해진 결과였다.

반면 을지OB베어에 이웃했던 M호프는 현재 한 블록에 여러 개의 매장이 있고, 심지어 다른 지역에 분점까지 열었다. 어떻게 이런 일이 가능했을까? 바로, M호프 사장이 건물주이기 때문이다. 그는 2014년 자신의 매장이 있는 건물을 인수했다. 건물주들에게 임대료를 두 배씩 주겠다고 제안해 기존 임차인들을 내보내고 그 자리를 인수하면서 점포를 확장해나갔다. 나중에야 밝혀진 사실이지만, 을지OB베어 사장이 임대료를 올려준다고 했음에도 건물주가 받아들이지 않았던 것도 그 건물 지분의 절반 이상이 M호프 사장 소유였기 때문이다. 역사는 승자를 기억하는 법이고, 이제 '노가리 골목'의 원조였던 을지OB베어를 몰아낸 M호프는 늘 손님으로 가득 차면서 제왕처럼 군림하고 있다.

결국, 건물주의 배를 불려주고 더는 쓸모가 없어진 곰들은 쫓겨나고 내팽개쳐진 것이다.

## 인류가 해결하지 못한 난제
## 젠트리피케이션

"인류 역사상 그걸 막는 방법은 없었습니다."

한 TV 프로그램에 출연한 유명 작가가 경주의 황남길을 보며 한 말이다. 당시 황남길은 '황리단길'이라 불리며 경주의 핫플레이스로 떠올랐으나, 그곳에서 장사하던 사람들은 반강제적으로 쫓겨나고 말았다. 이들은 여러 맛집과 분위기 좋은 가게들로 황리단길을 만든 주인공이었으나, 그렇게 관광객과 방문객이 몰릴수록 역설적으로 생존이 위태로워졌다. 장사가 잘되면 매장의 매출이 오르는 것 못지않게, 아니 그보다 훨씬 더 급격하게 임대료가 오르기 때문이다. 장사가 잘될수록 건물 가치가 오르고 임대료가 치솟으니, 오히려 장사를 잘하면 더 손해를 보게 되는 역설적인 상황이 생기고야 마는 것이다.

그렇다. 사회적으로 큰 문제가 되는 '젠트리피케이션' 이야기이다. 젠트리피케이션gentrification은 영국의 상류 신분을 의미하는 '젠트리gentry'와 '~화化 하다'를 뜻하는 접사 '-fication'이 결합한 파생어로, 도심 인근 낙후지역이 활성화되면서 외부인과 돈이 유입되고, 그 결과 임대료 상승 등의 이유로 원주민이 밀려나는 현상을 뜻한다.

### '핫플레이스'를 휩쓴 젠트리피케이션

모든 자영업자의 가장 큰 적이자 아킬레스건이 된 젠트리피케이션이 우리나라에서 본격적인 사회 문제로 대두된 것은 용산 이태원의 '경리단길' 사례부터였다. 경리단길은 소위 '입지' 측면에서는 가치가 높지 않은 지역이다. 미군기지와 다수의 외국 공관이 있다고는 해도 지하철역에서 멀어 접근성이 떨어지고, 급경사가 많으며, 주차 시설도 부족하다. 이런 악조건에도 불구하고 자영업자들이 흘린 피와 땀 덕에 핫플레이스가 되었다.

처음에는 여러 악조건도 어느 정도 이점이 됐다. 입지가 안 좋은 만큼 임대료가 쌌으니까. 오직 그 하나의 이점만을 보고 장사에 대한 열정과 넘치는 자신감으로 뭉친 자영업자들이 모여들었다. 외국인 수요에 맞춘 이국적인 분위기의 상점이 하나둘 자리를 잡았고, 때마침 미군기지가 평택으로 이전하면서 그 자리에 더욱 다양한 음식점과 카페, 바bar 등이 생겨났다. 거기에 더해 트렌드에 민감한 청년 세대가 SNS에 '방문 인증샷'을 올리기 시작하면서 큰 주목을 받았고, 경리단길은 폭발적으로 성장했다.

경리단길의 성공은 다른 여러 '골목상권'으로 들불처럼 번져갔다. 2010년대 중반부터 '핫플레이스'라는 키워드가 뜨면서 경리단길을 본뜬 '~리단길'이 유행하기 시작했다. 망리단길망원동, 공리단길공릉동, 송리단길송파구, 해리단길부산 해운대, 앞서 말한 경주의 황리단길 등, 어디서든 조금만 주목받는다 싶으면 그런 별칭이 붙으며 삽시간에 사람들이 몰려드는 골목이 되었다. 강남 가로수길을 본뜬 서울대입구역 인근의 샤로수길도 마찬가지다. 이처럼 유명한 길 이름을 패러디한 골목이 전국적으로 번져갔다. 심지어 지자체에서 팔 벗고 나서서 적극적으로 홍보하기까지 했다.

그러나 영광은 그리 오래가지 못했다. 몰락의 징조 역시 이런 핫플레이스의 시초로 꼽히던 경리단길부터 시작됐다. 방문객이 늘어나면서 상권이 활발해지고 매출이 오르자 건물주가 임대료를 대폭 올려버린 것이다.

2016~2017년, 2년간 경리단길 상가들의 임대료는 같은 기간 전국 평균의 약 10배, 서울시 평균의 7배가량 상승했다. 천정부지로 솟는 임대료에 현상 유지도 어려워진 자영업자들은 손해를 메꾸기 위해 음식 가격을 올릴 수밖에 없었고, 이는 소비자의 불만으로 이어졌다. 불만이 쌓인 고객들은 다른 '~리단길'과 '~로수길'로 발길을 돌렸다. 경리단길 식당들은 매출 하락과 임대료 상승이라는 이중고에 시달리다가 결국 더는 버티지 못하고 하나둘 장사를 접거나 임대료가 싼 지역으로 옮겨가야 했다.

2010년대 초반 붐처럼 일던 핫플레이스의 선두 주자로 2016년까지 전성기를 누린 경리단길은 불과 2년 후인 2018년 4분기 기준 중대형 상가의 공실률이 서울시 전체 평균의 3배를 웃도는 21.6%까지 치솟았다. 결국, 자영업자들이 피땀으로 일군 기적적인 성과는 허망하게 막을 내렸다. 핫플레이스를 만들어낸 주역인 자영업자들은 비정한 현실 앞에 상처 입고 쓰러졌다. 열심히 일하고 성과를 올린 사람이 그 열매를 갖는 것, 등가교환. 우리가 당연히 누려야 한다고 여기는 그런 가치들은 현실 앞에서 달콤한 이상에 불과했다.

### '황금알을 낳는 거위'의 배를 가르는 건물주들

젠트리피케이션 현상에는 프랜차이즈 기업들도 한몫했다. 이들은 막대한 자금력을 바탕으로 높은 임대료를 제시하며 어떻게든 '핫한' 지역에 입점하려 했다. 건물주야 이름 있는 프랜차이즈 기업이 임대료까지 더 주겠다니 마다할 이유가 없었다. 부동산 시장의 특성상 이런 '높은 임대료'가 기준이 되어 인근 건물들 임대료도 오른다. 절대로 '낮은 임대료'를 기준으로 하는 건물주는 없다.

사실, 핫플레이스는 '독특한 분위기의 개성 있는 매장'들이 모여 있는 것이 가장 큰 강점인 만큼 어디서든 볼 수 있는 프랜차이즈와는 결이 맞지 않는다. 그런데도 유동 인구가 많은 곳이니 프랜차이즈 기업들은 높은 임대료를 감수하고라도 입점하려 한다. 어디서나 볼 수 있는 프랜차이즈 매장이 늘어날수록 그 지역만의 매력은 줄어들고, 임대료는 치솟으며, 이를 견디지 못한 자영업자가 나간 곳에 또다시 프랜차이즈 매장이 들어선다. 악순환이 반복되고, 젠트리피케이션은 가속화된다. 화려한 핫플레이스 이면의 어두운 그림자는 갈수록 짙어진다.

이런 현상이 경리단길 한 군데뿐이었다면 젠트리피케이션이 사회적인 문제로 대두되지도, 해결할 길이 없다는 자조적인 평가가 나오지도 않았을 것이다. 경리단길에 이어 다른 '~리단길'과 여러 핫플레이스가 같은 수순을 밟았거나, 밟고 있거나, 그럴 조짐을 보이고 있다.

연남동은 2010년 공항철도 개통에 이어 2015년 경의선 옛 철길을 끼고 공원으로 새롭게 탈바꿈한 '연트럴파크' 주위로 감각적인 상점들이 연이어 생겨나면서 순식간에 핫플레이스로 떠올랐다. 특히 홍대 상권과 가까워 홍대 중심가의 높아진 임대료를 감당하기 힘들었던 소상공인과 예술가들이 이주하면서 사람들의 사랑을 받게 됐다. 그러나 연남동 또한 경리단길의 전철을 밟을 수밖에 없었다. 예상하듯이 치솟는 임대료 때문이었다. 동네가 뜨면서 단기 시세차익을 노린 사람들이 몰려들어 건물 가격이 급격히 올랐고, 임대료는 그 이상으로 높아졌다. 오래된 다가구주택이 많았던 동네에는 1년 내내 리모델링 공사가 이어졌고 주민이 살던 주택은 식당이나 술집 등으로 바뀌었다. 실거주민이 쫓겨난 들목골목은 어느덧 엇비슷한 색깔로 뒤덮였다. 익선동이나 을지로, 삼청동 등 '핫플레이스'라고 하면 떠올릴 만한 수많은 곳 또한 같은 전철을 밟았다.

서울이나 수도권만의 일이 아니다. 경주 황동길 역시 '황리단길'로 유명세를 치르면서 임대료가 최대 10배나 올라 자영업자들이 버텨나지 못했다. 부산 해리단길은 아직 그 정도로 심각한 상황은 아니지만, 심상치 않은 조짐을 보인다. 2022년 말에는 이 골목의 한 상가 건물이 불과 7년 전인 2015년 대비

3배의 거래가에 매매가 이루어졌고, 월세 역시 코로나 이전보다 50~100%가량 상승했다. 대책을 세우지 않는다면 머지않아 경리단길과 같은 사태를 피할 수 없을 것이라는 전망이 나오는 이유이다.

유명한 연예인이나 뛰어난 사업가라면 이런 문제에서 자유로울까? 안타깝게도 그렇지 않다. 요리 대결 TV 프로그램에도 출연한 유명 연예인이 있다. 그는 이태원이 뜨기도 전부터 그곳에서 외식업을 시작해 14년 동안 10여 개의 매장을 운영하면서 승승장구했다. 그러나 이태원의 터줏대감으로 불리던 그조차 젠트리피케이션을 이겨낼 수 없었고, 결국 불어나는 적자를 견디지 못해 매장 대부분을 폐업하기에 이르렀다.

요식업계의 대명사와도 같은 백종원마저도 예외는 아니었다. 어지간한 연예인보다도 유명하고 장사와 사업으로 잔뼈가 굵은 그는 강남구 논현동에 20여 개의 가게를 가지고 있었다. 오죽하면 그의 이름을 딴 거리 별칭이 생겼을 정도였다. 그러나 다수의 외식 브랜드를 만들고 성공시킨, 모두가 망해도 절대로 망하지 않을 것 같은 그조차도 젠트리피케이션에서는 자유롭지 못했다. 2020년을 전후해 그는 자신의 이름을 딴 거리에서 가게를 하나둘 접었다. 5년간 30% 이상 상승한 임대료 때문이었다.

이렇게 손님이 사라지고 거리가 황량해지면서 공실이 늘어나면 당연히 건물주에게도 득이 될 게 없지 않을까? 수요가 없으면 공급자는 망한다. 지극히 당연한 이 사실을 건물주들은 모르는 걸까? 텅 빈 매장을 내버려 두기보다는 임대료를 낮춰서라도 공실을 없애는 것이 낫지 않을까? 당연히 그럴 것 같은데, 어째서 건물주들은 그토록 임대료를 올리는 것이며, 한번 올린 임대료는 절대로 내리지 않는 걸까? 건물주들은 하나같이 탐욕스럽기만 한 바보들이라서 이런 단순한 사실조차 알지 못하고 황금알을 낳는 거위의 배를 갈라 버린 걸까?

건물주가 탐욕스럽다는 데는 어느 정도 동의하지간(물론 모두가 그렇지는 않다), 이들이 바보라는 말에는 동의할 수 없다. 오히려 이들은 누구보다 약삭빠르다. 특히 '돈'에 관해서는 더욱 그렇다. 이들이 임대료를 내리지 않는 이유는 단순하다. 임대료가 높은 건물이 더 비싸게 팔리기 때문이다. 영혼까지 끌어모아 투자한다는 말처럼 일부 건물주는 높은 금리에 시달려 못내려 주는 상황도 있을 것이다. 공실이 있다고 임대료를 낮추면 되팔 때 건물 가격도 낮아진다. 그 건물을 사는 사람 입장에서는 임대 수익이 높지 않은 건물을 비싸게 살 이유가 없기 때문이다. 그러니 당장은 공실로 인해 손해를 좀 보더라도 어떻게든 비싼 임대료를 받아 더 비싼 가격에 건물을 팔려는 것이다. 이런 과정에서 비싸게 건물을 산 사람은 또다시 임대료를 올릴지도 모른다.

결국, 건물주들은 손해를 볼 일이 없다. 젠트리피케이션 현상으로 자영업자가 흘린 피눈물은 건물주들에게는 꿀이 되어 돌아간다. 오른 부동산 가격으로 재미를 보는 사람은 건물주뿐이다. 다시 건물을 팔 때는 가격이 더 올라가 있을 테니 그야말로 '조물주 위에 건물주'가 되어버린 격이다.

# 우리는 답을 찾을 것이다, 늘 그랬듯이

젠트리피케이션이 괜히 '인류 역사상 해결하지 못한 난제'라고 평가받는 것은 아니다. 그만큼 어려운 문제임은 틀림없다. 그러나 과거 해결 불가능해 보였던 문제도 우리는 결국 해결해왔다. 불과 20~30여 년 전만 해도 치료가 불가능했던 불치병 중 상당수는 충분히 치료 가능해졌으며, 심지어 주사 한 방으로 예방할 수 있게 된 것들도 많다. 말을 타고도 며칠이 걸려야 갈 수 있었던 거리도 자동차로 몇 시간 만에 갈 수 있게 됐고, 온갖 위험을 이겨내며 몇 달간 항해해야 갈 수 있었던 나라도 비행기 한 번이면 당일에도 갈 수 있다. 모두 불과 수십 년 전만 해도 상상 속에서나 가능했던 일이다.

젠트리피케이션 역시 결국은 해결될 것이다. 나는 이를 막아낼 방법까지는 알지 못하지만, 자영업자로서 피하는 방법은 어느 정도 알게 됐다고 생각한다. 그 방법을 확실히 알려면 우선 우리나라의 젠트리피케이션이 어떤 식으로 뿌리를 내렸는지부터 파악해야 한다.

**빛이 밝을수록 짙어지는 그림자**

핫플레이스로 급격히 떠올랐던 지역이 빠르게 쇠락하는 과정만을 이야기하다 보니 젠트리피케이션이 최근 들어 생겨난 문제라고 생각할지도 모른다. 그러나 '인류 역사상 해결하지 못한 문제'라는 말처럼, 이 현상은 어제오늘 일이 아니다. 우리나라만 보더라도 그 시초는 거슬러 올라가면 서울시 명동에서부터 찾아볼 수 있다.

명동은 일제강점기 때 가장 변화했던 곳으로, 외국 문물을 빨리 접할 수 있었고, 예술 관련 시설이 늘어나면서 사회 지도층과 예술인들의 아지트로 유명해졌다. 그러나 1970년대 이후 산업화로 인해 땅값이 상승하면서 예술인들은 대학로나 홍대 등지로 뿔뿔이 흩어졌다. 그 빈자리가 패션몰이나 화장품 가게 등 상업 시설로 채워지면서 우리가 알고 있는 지금의 명동이 되었다. 지금은 외국인 방문객에 의존하는 관광특구로 바뀌었으니, 처음 이곳을 '핫한' 지역으로 만든 예술가들은 젠트리피케이션을 정통으로 맞은 셈이다.

이처럼 핫플레이스가 되는 곳에는 명암처럼 젠트리피케이션이 어김없이 따라다닌다. 도시는 자본과 사람이 있어야 굴러간다. 낙후됐던 지역이 관심을 받는 것은 응당 반가워해야 할 일이다. 문제는 급속도로 그 지역에 몰리는 돈이 실거주민과 자영업자에게 '투자'되어 돌아가는 것이 아니라 더 많은 돈을 불리기 위한 '투기'로 이어지면서 발생한다. 제아무리 장사 수완이 뛰어나도 턱없이 올라가는 임대료를 당해낼 재간은 없다. 자영업자가 폐업하면 소비자는 단골 가게를 하나 잃는다. 동시에 그 지역을 방문할 이유도 하나 사라진다. 긴 세월 터를 잡고 갖은 고생을 해가며 동네를 부흥시킨 사람은 따로 있는데 득은 애먼 사람이 본다. 요즘처럼 공정을 부르짖는 사회에서 불합리한 일이 아닐 수 없다. 우리나라에서 백년가게를 찾아보기 힘든 이유가 비단 전쟁이나 트렌드의 급격한 변화 때문만은 아닐 것이다.

획일화된 가게와 임대료를 받쳐줄 사람이 사라진, 휑하니 빈 건물만 가득한 부동산의 가치는 거품처럼 꺼지고, 지역 상권은 쇠락하고 만다. 이후 이곳을 찾는 것은 재개발을 원하는 사람들뿐이고, 그 지역의 가치는 사라진다. 비단 자영업자만이 아니라 지역 상권 자체가 제로(0) 세팅되는 것이다. 젠트리피케이션은 결국 개인의 탐욕과 이기심이 만들어낸 결과다.

그렇다면 정말로 젠트리피케이션을 해결할 방법은 없는 걸까? 자영업자는 치솟는 임대료를 불가항력으로 받아들여야만 할까?

단언컨대, 그렇지 않다. 영화 〈인터스텔라〉의 대사처럼, 우리는 답을 찾을 것이다. 늘 그랬듯이. 그리고 어쩌면 '예산시장 프로젝트'에서 그 힌트를 찾을 수 있을지도 모른다.

### 답은 가까운 곳에 있다

2018년, 백종원 대표는 자신의 고향 충청남도 예산의 재래시장을 활성화

하는 사업을 시작했다. '예산시장 살리기'라는 이름으로 시작한 이 프로젝트는 2023년 초 드디어 공개됐고, 뜨거운 반응을 얻었다. 예산시장 방문객은 전년 대비 수십 배 늘었다. 인근 주요 관광지는 달라진 예산시장을 방문한 사람들 덕에 낙수효과를 누리기도 했다.

시설 노후화와 인구 감소로 침체를 겪고 있던 지방 도시가 들썩였다. 그러나 얼마 지나지 않아 부작용이 드러나기 시작했다. 이런 특수에 편승하려는 일부 숙박업소가 비수기임에도 숙박비를 몇 배나 올리면서 방문객의 원성을 샀다. 동시에 으레 그렇듯 건물주는 임대료를 올리기 시작했다. 그 바람에 예산시장 살리기의 주역이었던 자영업자가 쫓겨나는 사태가 발생했다. 여기에 외지인이 비싼 값을 부르며 기존 건물주에게 상가를 팔 것을 부추기는 일이 일어났다. 건물주가 이 제안을 받아들이면 이미 수도 없이 보고 겪은 '그 일'이 예산시장에도 일어날 것은 자명했다.

실제로 백종원은 최근 한 방송에 출연해서도 "여러 방송이나 프로그램에서 골목상권에 도움을 주려고 식당들에 무료로 솔루션도 제공하고 방송에서 홍보도 되게 해줬지만, 결국 건물주들만 좋은 일이 됐다. 건물주가 임대료를 올려버렸고, 그게 음식 가격 상승으로 이어졌다"고 말했다.

이런 일이 이어지자 백종원 대표와 예산시는 특단의 조치를 취했다. 일부는 백종원 대표가 이사장으로 있는 사단법인을 통해, 일부는 지자체에서 상가를 사들였다. 젠트리피케이션이 시장을 완전히 망치기 전에 이를 방지하기 위해 아예 건물을 매입해 입점시켜버린 것이다.

물론 그것만으로 일대의 모든 건물 임대료가 낮아질 리는 없으나, 어느 정도 억제는 가능할 것으로 보인다. 그 효과가 어느 정도일지 당장은 알 수 없지만, 나는 여기에 해답이 있다고 믿는다.

물론 무책임하게 국가나 지자체 또는 영향력 있는 누군가의 도움에 기대기만 하라는 말은 아니다.

'젠트리피케이션은 정말로 해결 불가능한 문제인가? 평생 재주 부리는 곰처럼 뼈 빠지게 일해놓고 돈은 왕서방 같은 건물주가 벌게 해주는 것이 나 같은 자영업자의 숙명인가? 나라에서 해결해주지 못한다면 언제 오를지 모를 임대료 걱정에 하루하루 불안에 떨며 살아야 하는 건가? 내 손으로 해결할 방법은 없는 걸까?'

나 역시 이런 질문과 고민을 수도 없이 거듭했다. 그리고 오랜 궁리와 다양한 시도 끝에 답을 얻었다. 그 답은 자영업자, 우리 자신에게 있다.

## 레버리지 서클 실전노트①
# 건물주의 갑질에서 살아남기

상가임대차보호법이 시행된 지 시간이 꽤 지났지만, 여전히 수많은 자영업자가 건물주의 부당한 갑질에 시달리고 있다. 법의 테두리 밖에서 또는 법의 허점을 이용한 건물주들의 횡포에는 어떤 것들이 있을까?

### 갑질1. 지속적인 신고를 통한 영업 방해

사업을 하다 보면 건물에 딸린 주차장이나 건물 앞 공간을 사용하게 될 때가 있다. 짐을 쌓아두거나 주차 공간으로 활용하는 경우 등이다. 물론 합법적인 방법은 아니지만, '현실'을 고려하면 어쩔 수 없는 부분도 있다. 요즘처럼 운전하는 사람이 많은 시대에 주차 공간이 충분히 확보된 건물은 의외로 많지 않고, 그렇다고 손님을 안 받을 수는 없으니 건물 앞에 잠시 세워두게 하는 경우도 많다. 경우에 따라서는 이행강제금 같은 벌금을 일종의 '비용'으로 여기고 계속 사용하기도 한다.

  사실 건물주들도 이런 상황을 대부분 알고 있고, 대부분은 눈감아 준다. 자기 건물에 들어온 자영업자의 매출이 오르는 것은 자신에게도 득이 되기 때문이다. 그러다가 임차인과 갈등이 생겼을 때, 이런 불법적인 사용 관련해 지자체에 끊임없이 신고하거나 민원을 제기하는 건물주도 적지 않다. 지자체에서는 이미 이행강제금을 부과했다 하더라도 신고가 들어오면 전화나 현장 점검 등 여러 조치를 하게 된다. 이는 영업에 많은 방해가 될 수밖에 없다.

  가게 앞 도로에 손님이 주차할 때마다 불법주차 신고를 하는 건물주도 있다. 신고한 사람이 건물주라는 사실을 알게 되면 자영업자는 심리적 부담이 더 커진다.

  가장 좋은 방법은 애초에 꼬투리 잡힐 일을 만들지 않기 위해 불법적인 사용을 하지 않는 것이다. 특히 처음에 임대할 곳을 찾을 때 주차 문제를 확실히 해두는 것이 갈수록 중요해지고 있다. 만약 어쩔 수 없이 이런 문제로 건물주와 마찰을 빚게 됐다면 비용을 좀 들이더라도 근처 주차장이나 창고 등을 활용하는 방안을 찾아보는 것이 건물주의 요구를 그대로 들어주는 것보다 나을 수도 있으니 참고하자.

### 갑질2. 권리금 방해

  임차인이 계약 기간 만료 전에 영업을 끝내거나 영업장을 이전하는 등의 이유로 임대차 계약을 끝낼 경우, 임차인은 남은 계약 기간을 이어받을 새 임차인을 구해오면서 권리를 양도하는 대신 '권리금'을 받을 수 있다. 그리고 임대인은 이 과정에 협조할 의무가 있다. 참고로 권리금이란, 상가건물 임대차보호법 제10조의 3(권리금의 정의 등)에 따르면 '영업을 하는 자가 영업시설, 비품, 거래처, 신용, 영업상의 노하우, 상가건물의 위치에 따른 영업상의 이점 등 유형, 무형의 재산적 가치의 양도 또는 이용대가로서 임대인, 임차인에게 보증금과 차임 이외에 지급하는 금전 등의 대가'를 말한다.

2023년 여름, 라라브레드 잠실점 매장을 이전할 계획이었다. 임대차보호법에서 보장하는 10년의 안쪽인 6년 차였기에 새로운 임차인을 직접 구해서 권리양도를 해야 했다. 그간 상당히 영업이 잘됐기에 새 임차인은 금방 구했고, 가계약금까지 받았다. 그러나 건물주가 새 임차인과의 계약을 거부했다. 처음에는 이런저런 핑계를 댔지만, 나중에 밝혀진 바로는 계약 10년이 지나 상가건물 임대차보호법의 보호를 받지 못하게 되면 라라브레드를 퇴거시키고 건물을 신축할 계획이었다. 건물 신축에는 안전진단이 필요하니 우리는 이 점을 들어 진단을 받아보라고 했으나, 임대인은 이를 거부하며 시간을 끌었다.

이런 사실을 알게 된 새 임차인은 임대인과의 갈등을 우려하여 계약을 철회했다. 그렇다고 매장을 그대로 비워둘 수도 없었기에 라라브레드는 잠실점을 1억을 들여 리모델링 공사를 하고 다시 영업해야만 했다.

사실 이는 건물주가 불법을 저지른 것이지만, 임차인으로서는 별다른 도리가 없었다. 대부분은 이런 경우 새 임차인에게 권리금을 줄여주는 대신 건물주가 월세를 더 올려서 받을 수 있도록 해주는 션에서 합의를 보고 계약하기도 한다. 이런 합의점마저 찾기 힘든 경우가 많기에 우리는 조금이라도 빨리 건물주가 되어야 하는 것이다.

### 갑질3. 건물 폐허 만들기

건물주는 건물이 조금 낡으면 신축해서 가치를 높이고 싶어 한다. 이럴 때 건물주는 우선 세입자들에게 명도 및 퇴거를 요청한다. 그러나 신축하려면 건물을 비워야 하니 자영업자로서는 당연히 받아들이기 쉽지 않다. 임대차보호법의 보장 기간이 남았다면 당연히 퇴거하지 않을 권리가 있고, 건물주와의 갈등이 시작되기도 한다.

이때, 건물주는 일부러 건물 관리를 하지 않아 건물을 '폐허'에 가깝게 보이도록 만들기도 한다. 특히 1층은 상가, 2층 이상은 주택인 건물에서 이런 일이 비일비재하다. 주택은 법의 보호 기간도 짧고 이사하는 데 거부감이 적기 때문에 대체로 먼저 명도가 이루어진다. 그래서 1층 상가만 남아서 영업하는 경우가 많은데, 이때 퇴거한 주택을 관리하지 않으며 손님들은 을씨년스러운 분위기와 낡고 위험해 보이는 인상에 발길을 돌리기도 한다. 간혹 멀쩡하게 영업하고 있는 곳인데도 건물 창문에 '철거예정' 같은 글씨가 써 있는 것을 봤다면, 이런 경우일 가능성이 크다. 자연스레 손님의 발길이 끊기기 시작하고, 이는 자영업자들에게는 견디기 힘든 압박이 되기도 한다. 이런 상황에 대처할 가장 좋은 방법은 건물의 분위기에 신경 쓰지 않고 찾아와줄 만큼 손님들을 단골로 만드는 것이다. 쉬운 방법은 아니지만, 그만큼의 가치가 있는 일이다. 또한, 비단 이런 상황에 대비하기 위해서가 아니더라도 자영업자라면 많은 충성고객 확보는 당연히 목표로 해야 하는 것이니 방법을 찾아보자.

사실 건물주의 갑질에 자영업자가 대응하기란 현실적으로 쉽지 않다. 그렇기에 법의 보호만을 믿고 있다가는 돌이킬 수 없는 상황이 닥칠지도 모른다. 이런 경우가 발생하면 어떻게 할 것인지 대책을 세워둘 필요가 있고, 그럴 수 없다면 답은 하나뿐이다. 최대한 빨리 건물주가 되는 것뿐이다.

# 2장

# 젠트리피케이션을 뛰어넘는 유일한 전략, 레버리지 서클

요 몇 년간 내 삶의 화두 중 하나는 젠트리피케이션을 해결할 방법을 찾는 것이었다. 나 역시 젠트리피케이션의 희생양이 되어봤고, 그게 얼마나 괴로운 일인지 잘 알기 때문이다. 나는 상권이라고 할 것도 없던 주택가 골목길을 홀로 살려내다시피 했던 상황에서 건물주의 '갑질'에 시달렸다. 매출이 잘 나오고 있음에도 급격히 오른 임대료 때문에 남는 수익은 얼마 되지 않았다. 반면 건물주는 라라브레드를 입점시킨 것만으로도 적잖은 임대료를 받아 갔고, 건물 가격이 크게 올라 막대한 이득을 봤다. 그때부터 '을'의 설움에서 벗어날 방법을 고민했고, 그 결과로 나온 전략이 바로 '레버리지 서클'이다.

레버리지 서클은 쉽게 말해 '장사'와 '공부'를 기반으로 '건물주'가 되어 '내 건물'에서 안정적으로 장사할 수 있는 전략이다. 자영업자들이 젠트리피케이션을 피할 사실상 유일한 방법이자 건물주의 갑질과 횡포에 더 이상 시달리지 않게 해줄 탈출구다.

# 유튜버가 없으면
# 유튜브는 망한다

　레버리지 서클이 무엇인지 알아보기 전에 알아야 할 것들이 있다. 우선, 레버리지 서클은 엄밀히 말하자면 특별한 '방법'이라기보다는 '수단'에 가깝고, 그 기본은 마인드, 즉 마음가짐이다. 사람의 마인드는 전구 갈아 끼우듯이 단숨에 바꾸기 힘들다. 마인드를 바꿔야 할 이유와 근거를 명확히 하는 것이 우선이다. 그 첫걸음으로, '자영업자가 없으면 건물주는 망할 수밖에 없다'는 사실을 알고 믿어야 한다. 항상 힘없는 '을'이라 여겼던 자영업자가 사실은 '갑'일 수도 있음을 인식해야 한다는 말이다.
　"자영업자가 갑이라니, 무슨 헛소리야?"
　이런 의문이 들었다면 위험 신호다. 강한 확신을 두고 밀어붙여도 쉽지 않은 길에서 의심은 독이다. 하지만 이미 나를 비롯해 수많은 자영업자가 삶을 통해 증명해온 것이니 믿어보자. 방법은 차차 가르쳐줄 것이다.

그렇다고 해서 자영업자가 건물주를 떡 주무르듯 마음대로 할 수 있다는 말은 아니다. 애초에 그럴 수도 없고, 그래서도 안 된다. 엄밀히 말해 건물주와 자영업자는 '공생관계'다. 흔히 생각하는 것처럼 건물주의 '갑질'에 시달리는 게 당연하거나 어쩔 수 없는 일이 아님을 믿으라는 것뿐이다. 그런 믿음이 없다면 평생을 을의 삶밖에 살 수 없다.

### 콘텐츠가 없으면 플랫폼도 없다

이론적으로나마 자영업자가 '갑'일 수도 있는 것은 건물주와 자영업자의 관계가 일종의 '플랫폼platform과 참여자' 관계와 비슷하기 때문이다. 플랫폼은 다수의 공급자와 수요자에게 거래 환경을 제공하고 그 대가로 돈을 받는다. 유튜브와 유튜버, 앱스토어와 앱(또는 개발자)의 관계를 생각하면 쉽다. 유튜브는 유튜버들에게 영상을 올리고 각자의 채널을 운영할 수 있는 권한을 준다. 시청자들이 이 영상을 보고 채널을 구독할 수 있는 환경을 구축하며, 이 과정에서 광고나 구독료 등의 수익이 발생하는 생태계를 만든다. 앱스토어 역시 개발자와 구매자가 앱을 사고팔 수 있는 환경을 제공한 대가로 수익을 얻는다.

이런 플랫폼이 독점적 지위를 갖는 것은 분명하다. 2020년 1월 기준, 전 세계 유튜브 채널 수가 약 38억 개에 이르렀다고 한다. 유튜브라는 하나의 플랫폼에 수십억 개의 채널이 있는 것이다. 실제로 활동하는 채널은 일부에 불과

하겠지만, 하나의 플랫폼에 이토록 많은 '판매자'가 몰려든 이상 유튜브는 독점적인 지위가 생긴다. 유튜브의 작은 정책 변화 하나로도 전 세계 수백만, 수천만 명의 유튜버가 큰 영향을 받는다. 당연히 유튜브가 갑, 유튜버는 을이 되기 쉽다. 그러나 뒤집어 생각해보자. 유튜브 측에서 유튜버에게 분배하던 수익을 지금의 10%로 줄인다면 어떻게 될까? 거의 모든 유튜버가 활동을 접을 것이다. 채널 대부분이 사라지고 영상이 올라오지 않게 되면 시청자들도 유튜브를 찾지 않게 된다. 광고와 구독이 끊기고 유튜브의 수익은 사라진다. 쉽게 말해, 유튜버들이 떠나면 유튜브는 망한다. 앱스토어도, 넷플릭스를 비롯한 OTT^Over-The-Top, 영화나 드라마, 애니메이션 등 다양한 미디어 콘텐츠를 인터넷을 통해 제공하는 서비스 회사도 마찬가지다. 앱 개발자들이 새로운 앱을 올리지 않으면, 제작자들이 좋은 콘텐츠를 만들지 않으면 '구매자'도 사라진다. 파는 사람도, 사는 사람도 없는 플랫폼은 가치가 없다.

건물주는 플랫폼 사업가와 비슷하다. 그들이 제공한 플랫폼^건물에서 판매자^자영업자가 콘텐츠^상품/서비스를 팔고, 구매자^손님가 찾아와 거래가 일어난다. 손님들은 건물 자체를 보러 오는 것도, 특별히 '이 건물'이기 때문에 돈을 내는 것도 아니다. 자신이 구매한 콘텐츠^상품/서비스의 대가로 '자영업자들에게' 돈을 낸다. 저녁으로 피자를 사 먹고 건물주에게 돈을 내는 사람은 없다. 우리는 피자집 사장에게 돈을 내고, 피자집 사장은 플랫폼^장소을 제공해준 건물주에게 대가로 임대료를 낸다.

건물이 없으면 자영업자는 영업조차 할 수 없다. 돈을 벌지 못한다. 반대로 건물주도 자영업자가 없으면 돈을 벌 수 없다. 자영업자가 사업을 운영해야 임대료를 낼 수 있고, 충분한 수익이 있어야 유지된다. 수익이 너무 적어서 임대료도 감당하기 힘들어지면 사업을 접을 것이고, 건물에는 공실空室이 발생한다. 공실은 건물의 가치를 깎아 먹는다. 자영업자가 없으면 건물은 텅 빈 채 가치가 점점 떨어지고 관리비만 잡아먹는 골칫거리가 되는 것이다. 반면 장사가 잘되는 가게가 있는 건물은 자연스레 값이 오른다. 그렇기에 건물주와 자영업자는 공생관계가 되고, 경우에 따라 자영업자가 우위에 설 수도 있다. 임대료를 내기도 벅찬 건물주가 '어떻게든 내보내고 싶은' 임차인이 될 것인가? 아니면 건물주가 '오래오래 내 건물에서 장사해주었으면' 하는 임차인이 될 것인가? 전자는 갑질에 시달릴 수도 있고, 후자는 오히려 건물주가 비위를 맞춰주며 붙잡으려 할 수도 있다. 이런 상황에서는 건물주가 갑질을 하려 들면 당당히 나와서 다른 곳에서 영업을 시작할 수도 있다. 자영업자로서 오랫동안 걱정 없이 일하고 싶다면 건물의 가치를 끌어올릴 수 있을 만큼의 성과를 내는 사람이 되는 것이 먼저다.

**경쟁력 있는 콘텐츠가 자영업자를 살린다**

유튜브에서 많은 구독자를 모으고 조회 수가 잘 나오는 채널은 기본적으로 콘텐츠가 탄탄하다. 호불호는 갈릴지 몰라도 시청자들은 확실하게 만족시킨다. 자영업자도 마찬가지다. 기본이 탄탄해야 한다. 자영업자에게 기본은 자신의 사업이다. 장사하는 사람이라면 잘 팔아야 하고, 전문직 종사자라면 분야에서 실력을 인정받아야 한다. 즉, '콘텐츠'가 확실해야 한다. 아무도 보지 않는 유튜브 채널은 자연스레 외면받고 사라지는 것처럼, 장사를 제대로 하지 못하는 곳은 손님들이 찾지 않으니 이내 사라진다. 어떤 분야든 경쟁에서 살아남으려면 기본이 탄탄해야 한다는 것이다. 이 말이 너무 진부한가? 원래 진리는 진부한 법이다. 진부하다고 겉핥기로만 이해하고 넘기는 사람은 틀림없이 기본에서 문제가 생기기 마련이다.

탄탄한 콘텐츠를 어떻게 갖출 것인가를 알아보기 전에 먼저 명심할 것들이 있다. 우선, 이미 말했듯이 자영업자가 '을'이 아니라 '갑'이 될 수 있음을 믿어야 한다. 믿지 못한다면 시도조차 할 수 없으니, 건물주가 언제 내쫓을지 모른다는 불안에 떨며 하루하루를 버티느니 사업을 포기하고 취직하는 편이 나을지도 모른다. 다음으로는 기본기, 즉 탄탄한 콘텐츠의 힘을 진심으로 깨달아야 한다. 장사는 운이라고 하는 사람도 있지만, 운은 오래가지 못한다. 운 좋게 근처에 경쟁업체가 없는 곳을 찾아내서 카페를 시작하면 처음에는 승승장구할 수 있지만, 커피가 맛없고 사장이 불친절하고 인테리어나 분위기마저 별로라면 근처에 다른 카페 하나만 생겨도 고전하기 일쑤다. 그러나 같은 곳에서 정반대로 친절한 사장이 분위기 좋은 카페를 만들어 맛있는 커피를 적절하게 판매한다면, 주위에 카페 한두 개가 생겨나도 살아남을 수 있다.

하지만 안타깝게도 이는 자영업자가 갖춰야 할 최소한의 무기일 뿐이다. 운이 좋지 못하거나 세상의 변화에 적응하지 못하면 이런 무기만으로는 바람 앞의 등불보다도 위태롭다. 그런데도 내가 마인드를 강조한 것은 이조차 갖추지 못한다면 애초에 시작하지 않느니만 못할 뿐만 아니라, 이런 마인드가 차차 설명할 '레버리지 서클'의 기초가 되기 때문이다.

# 뛰어난 콘텐츠를 가지고도
# 부자가 되지 못한 사람들

뛰어난 콘텐츠는 분명 중요하다. 그러나 그것만으로는 부족하다. 심지어 한 국가도 국제 이슈에 따라 휘청이는데, 개인이 아무리 뛰어나도 어쩔 수 없는 부분이 있다. 예를 들어, 콘텐츠가 아무리 좋아도 플랫폼이 마음먹고 '갑질'을 하면 큰 타격을 입을 수밖에 없다. 을지OB맥주나 휴대전화 대리점 사례처럼 영업이 잘돼서 오히려 손해를 보기도 한다. 건물주가 아들 장사할 곳 마련해 주려고 애꿎은 사장을 쫓아내는 것도 본 적이 있다.

이런 상황이라면 대부분 악랄한 건물주들을 욕할 것이다. 하지만 그래도 달라질 것은 없다. 우리가 해야 할 일은 같은 상황을 겪지 않도록 대책을 세우는 것이다. 그러려면 건물주의 갑질에 미리 대비하거나 못한 자기 잘못이라고 받아들여야 한다. 실제로 누구 잘못인지는 중요하지 않다. 건물주 탓을 해버리면 그걸로 끝이다. 그렇게 남 탓을 해서 인생이 달라진 게 있던가. 그러나 내 탓이라고 생각하는 순간 '또다시 이런 일을 겪지 않으려면 무엇을 해야 할까'를 생각할 수 있다. 기술보다 마인드가 중요한 이유다.

### 모든 자영업자의 적, 월세

자영업자가 부자 되기 힘든 이유야 많지만, 그중 첫째로 꼽을 만한 것이 월세다. 내가 만나본 수많은 자영업자는 하나같이 "월세만 없어도 살 만할 것 같아요"라고 한다. 아무리 장사를 잘해서 매출을 올려도 건물주가 월세를 왕창 올려버리면 손 쓸 도리가 없다. 젠트리피케이션을 직격으로 맞고도 버텨낼 사람이 얼마나 될까? 월세가 200만 원이라면 연 2400만 원이다. 업종마다 차이는 있지만, '순수익'으로 2400만 원을 벌려면 매출액은 수억 원이 나와야 한다. 월세만 아껴도 수억 원에서 수십억 원의 매출을 추가로 올리는 것과 같은 효과가 있다. 반대로 월세가 50만 원만 올라도 연 600만 원의 부담이 생기고, 이는 수천만 원에서 억대의 매출을 추가로 올려야 '현상유지'가 된다는 의미다.

상가임대차보호법이 있으니 건물주도 월세를 무한정 올리지는 못한다. 그러나 모든 법이 제대로 작동한다면 세상은 지금보다 훨씬 살 만했을 것이다. 1장에서 본 사례들만 봐도 답은 나온다. 더욱이 건물주들은 법의 테두리 밖에서 교묘한 방법으로 임차인을 압박할 수 있다. 나 역시 그런 일을 수도 없이 겪었다. 법은 멀고 현실은 눈앞에 있으니까.

## 법은 멀고 현실은 가깝다

　라라브레드 1호점 오픈을 준비할 때, 적합한 장소를 찾기 힘들었다. 흔한 이유였다. 건물과 위치가 마음에 들면 비쌌고, 가격이 괜찮으면 위치가 안 좋거나 건물이 너무 낡고 좁았다. 애초에 내가 매장을 열고 싶었던 송파동 골목상권은 시세가 만만치 않았다. 석촌호수와 인접한 대로변 상가는 당시에도 임대료가 평당 1천만 원을 훌쩍 넘었다. 차선책으로 대로변 뒤쪽 골목을 찾아봤지만, 마음에 드는 곳은 없었다. 그러나 발바닥에 물집이 잡힐 정도로 절박하게 발품을 팔고 다닌 끝에 결국 제법 마음에 드는 건물을 찾아냈다. 상권이 형성돼 있지 않은 주택가였지만, 브런치 카페 위치로는 나쁘지 않다고 봤다. 마침 1층이 비어 있어 바로 건물주를 만났다.

　건물주는 자신이 그 자리에서 식당을 했기 때문에 권리금을 받겠다며 8천만 원을 불렀다. 시설비용이 별로 들어가지 않고 당시 상권이 발달하지 않은 것에 비해 너무 비쌌다. 그렇다고 다른 마땅한 곳을 찾지도 못했고, 다른 동네를 알아보자니 또 얼마나 걸릴지 알 수 없었다. 권리금을 깎아보려 했지만, 건물주는 요지부동이었다. 결국은 건물주가 바라는 대로 권리금을 주고 임차계약을 맺었다. 계속되는 실랑이에 지치기도 했고, 급한 건 그가 아니라 나였으니까. 계약서에만 '을'로 들어가는 게 아니라 계약 전부터 철저히 을이었던 셈이다.

　원래도 호의적이지 않았던 건물주와의 관계는 인테리어 공사를 시작하면서 골이 더욱 깊어졌다. 나는 빈티지 느낌의 디자인을 원했는데, 건물 겉의 타일을 떼어내면 40년가량 된 오래된 건물에도 잘 맞을 것 같았다. 건물 외벽의 낡은 타일을 뜯고 있는데 건물주가 보더니 소리를 질러댔다.

"멀쩡한 건물을 왜 부수고 그래? 무슨 권한으로 내 건물을 부숴!"

"아니요, 훼손하는 게 아니고 그냥 인테리어만 하는 겁니다."

몇 번이나 반복된 내 설명에도 건무주는 막무가내였다. 그리고 이는 시작에 불과했다.

"원상복구해! 싫으면 법대로 하던가!"

원래 있던 타일은 단종돼서 어디서도 구할 수 없었으니 미칠 노릇이었다. 기한 내에 인테리어를 마치고 오픈하려면 어떻게든 건물주의 마음을 돌려야 했다. 나갈 때 최대한 비슷한 타일로 바꿔놓겠다며 머리를 조아렸다. 여러 차례 사정한 후에야 건물주는 마지못해 선심 쓰듯 허락해주었다. 물론 건물의 시설을 허락받지 않고 공사를 하였으니, 건물주의 입장도 이해되는 부분은 있었다. 어쩌면 입주 전부터 내 기를 죽여 놓으려는 의도였을지도 모르지만, 나는 그런 걸 따질 여유가 없었다.

이것만으로도 속이 뒤집혔는데, 갑질의 여왕은 따로 있었다. 같은 건물에서 장사하던 건물주는 가게를 비워주며 나온 다량의 폐기물을 그대로 두고 갔다. 치우는 비용만 해도 200만 원이 넘게 나왔다. 그런데 또 그걸 나더러 내라는 것이다. 내 매장에서 나온 쓰레기도 아닌데 왜 내가 치워야 하느냐는 '당연한' 항변도 소용없었다. 건물주는 어차피 인테리어 하면서 나오는 폐기물 처리 할 건데 같이 해주면 안되냐고 막두가내로 커텼고, 이렇게 건물 앞에

쓰레기를 쌓아두고 장사할 수는 없으니 '당연히' 내가 치웠다.

우여곡절 끝에 매장을 오픈했다. 몇 번의 사업을 해오면서 익힌 노하우와 마케팅 덕에 장사도 점점 잘됐다. 돌이켜 생각하면 우습기도 한 일인데, 건물주는 막상 인테리어가 끝나고 장사가 잘돼서 건물 가치까지 오르기 시작하자 입이 귀에 걸려서는 넌지시 물었다.

"나갈 때 이거 그대로 두고 갈 거지?"

낡고 쿰쿰했던 건물에 들어선 예쁜 매장을 직접 보니 마음에 들었던 모양이다. 그 촌스럽고 낡아빠진 타일로 원상복구하라며 버럭버럭 소리 지르던 모습이 겹쳐 어처구니가 없었다.

오픈했다고 끝이 아니었다. 얼마 지나지도 않아 천장에서 누수가 발생했다. 원래 건물 하자 보수는 건물주 책임이지만, 내가 장사하면서 쓰다가 생긴 거니 알아서 하라는 황당한 답변이 돌아왔다. 많은 건물주가 세입자에게 그 책임을 전가시킨다. 내 과실이 아니니 고쳐달라고 몇 번이나 말했지만 건물주는 들은 척도 하지 않았고, 이번에도 아쉬운 쪽은 나였다. 계속 바닥에 플라스틱 통을 받쳐놓고 장사할 수는 없지 않은가. 손님을 받으려면 마냥 기다릴 수 없었으니 결국 내 돈으로 수리했다.

건물주의 갑질은 여기서 그치지 않았다. 어느 날, 불법 강제이행금을 내라는 통보서가 왔다. 이게 무슨 뚱딴지같은 일인지 어리둥절했다. 알아보니 내가 들어오기 전에 그 자리에 불법건축물이 있었다고 한다. 건물주는 이를 알면서도 벌금을 내지 않고 미루다가 내가 들어오니 옳다구나 하고 나에게 떠넘긴 것이다. 또 '장사하려면 어쩔 수 없으니까' 분노를 삼키며 어행금을 냈다.

폐기물도, 누수도, 불법건축물도 내 책임이 아니었지만 내가 책임져야 했다. 그게 현실이다. 임차인에게 법은 멀고 현실은 가까운 법이다. 법적 책임에서는 자유롭다고 해도 법적 분쟁으로 시간을 끌수록 손해다. 폐기물 치우는 비용 200만 원 아끼려고 지리멸렬한 법적 분쟁을 벌였다면 장사를 못해서 본 손해가 그 몇 배는 됐을 것이다. 그러니 대부분은 나처럼 '더러워서 피한다'는 생각으로 손해를 감수하고 건물주의 갑질을 받아들인다. 건물주들은 이런 임차인의 심리를 정확히 알고 있다. 그러니 그런 억지를 부리는 것이다.

그러나 이런 것들은 분하고 억울하긴 해도 참을 수 있었다. 정작 참기 힘들었던 것은, 내가 새벽부터 밤늦게까지 온 몸의 출혈 통증 속 고생한 대가로 정작 부자가 된 사람은 따로 있다는 사실이다.

### 나는 재주부리는 곰에 불과했다

잠실에 라라브레드 1호점을 오픈한 지 1년쯤 지났을 때, 나는 충격적인 소식을 들었다. 처음 오픈할 때만 해도 평당 3300만 원 언저리였던 그 건물 가격이 평당 6600만 원 이상으로 껑충 뛰었다는 소식이었다. 불과 1년 사이에 20억 짜리 건물이 40억이 되었다. 건물주가 2006년 처음 매입 한 이후 2017년까지 11년 간 1800만 원에서 3300만 원으로 2배 남짓 상승한 건물의 가격이, 라라브레드가 성공적으로 영업을 하고 지역이 활성화되자 1년 만에 2배 상승한 것이다. 그리고 현재 건물의 현재 시세는 60억을 넘어가고 있다.

월매출 1억8000만 원을 넘기고 남들에게 부러움을 사던 시기였지만, 나는 허탈할 수밖에 없었다. 라라브레드가 들어선 60평 대지에 지어진 120평 건물은 1년여 사이에 20억 원이 넘게 오른 것이다. 오며 가며 만나는 건물주의 표정이 유독 밝아 보이는 것은 그만큼 돈을 번 덕이었다.

문득 지난 1년여 간의 고생이 눈앞에 스쳤다. 상권이 형성되기는커녕 동네 주민 외에는 찾는 사람이 거의 없던 골목에 들어선 라라브레드를 성공시키겠다고 나는 그야말로 죽기 살기로 일했다. 첫 달 매출이 목표에 밑도는 2000만 원에 그친 후로 직원들과 메뉴 개발에 더 열중했고, 직접 거리로 나가서 우리의 '타깃'이 될 만한 사람들을 붙잡고 적극적으로 홍보했다. 이벤트도 진행하고 직원들 서비스 교육도 다시 했다. 새벽같이 출근해 식사도 제대로 하지 못해 김밥으로 때워가며 일하다가 밤늦게 집에 도착하면 녹초가 되기 일쑤였다. 집에 돌아가자마자 침대에 걸터앉아 신발을 벗다가 그대로 잠들어버린 적도 있을 만큼 고단한 나날이었다. 남들이 부러워하던 매출은 그렇게 나 자신을 갈아 넣다시피 일한 결과였다.

라라브레드의 성공은 그 골목의 상권 형성으로 이어졌다. 주택가에 여러 맛집과 매장들이 들어서기 시작했고, 덩달아 유동인구가 늘면서 건물 가치는 그 이상으로 뛴 것이다. 잘난 척을 하려는 게 아니라, 실제로 그 골목의 상권은 라라브레드의 성공에서 시작됐다. 자부심을 느낄 만한 일이긴 하지만, 그보다는 허탈함과 분노가 치솟았다. 죽도록 일해서 골목 상권을 만들어내다시피 한 내가 한 달에 가져가는 순수익으로는 이제 이 건물 한 평도 살 수 없을 정도였다. 반면 온갖 갑질로 나를 괴롭힌 건물주는 앉아서 수십억 돈방석에 앉았다.

"재주는 곰이 부리고 돈은 왕서방이 번다더니…."

주위에서는 잘나가는 사장이네 뭐네 했지만, 나는 그저 열심히 일해서 건물주 왕서방의 배나 불려주는 곰에 불과했다. 이 사실이 나를 참을 수 없게 했다. 레버리지 서클을 깨우치지 못했다면 아마 지금도 나는 억울함에 치를 떨어가며 재주 부리는 곰처럼 건물주들 배나 불려주고 있었을 것이다. 독자 여러분도 공감이 간다면 분해서 잠자리에 쉽게 들지 못해야 한다.

## 콘텐츠를 가진 사람이
## 건물주가 된다면?

플랫폼 비즈니스에서 수익을 극대화하는 방법은 뭘까? 여러 가지가 있지만, 그중 하나는 바로 '직접 서비스까지 제공하는 것'이다. 넷플릭스를 비롯한 OTT 기업들이 자체 제작 콘텐츠를 제공하는 것이 그 예다. 제작자에게 지급하던 수수료가 줄어드는 데다가 독점 상영할 수 있어 고객을 끌어오는 효과까지 있으니 금상첨화다. 물론 실패했을 때의 손해도 떠안게 되지만, 플랫폼을 가진 상황에서는 큰 문제가 아니다.

이런 이야기를 한 이유는 간단하다. 플랫폼을 가진 상태에서 콘텐츠를 갖추는 것이 그토록 유리하다면, 콘텐츠를 가진 사람이 플랫폼을 만들어도 유리한 면이 많기 때문이다.

마찬가지로 콘텐츠 제공자인 자영업자가 플랫폼을 소유한다면, 즉 건물주가 된다면 그 이득은 어마어마하다.

단순하게만 생각해봐도 건물주로서는 공실 위험이 사라지고(자기가 직접 영업하면 되니까), 자영업자로서는 월세를 내지 않아도 되니 얼마나 큰 이득인가? 그래서 자영업자들도 건물주가 되고 싶어 하고, 조금만 알아보면 될 방법도 있다. 다만 지레 겁먹고 시도할 생각조차 하지 않을 뿐이다. 우리가 알아보지도 않고, 모르니 쫄보가 될 수 밖에 없다. 그러나 나는 단언한다. 자영업자야말로 건물주가 되기에 가장 유리한 사람이다. 레버리지 서클의 첫 단추가 바로 장사사업이기 때문이다.

### '나는 금수저가 아니니까'라는 비겁한 변명

낯선 동네 골목을 지나다가 의아했던 적이 있다. 주택가, 그것도 겉으로 보기에는 평범한 빌라처럼 보이기도 하는 건물 1층. 눈에 띄지 않는 곳에 작은 카페가 있었다. 나도 주택가에서 브런치 카페를 하고 있지만, 그 카페는 좀 달랐다. 위치도, 간판도 마치 일부러 숨겨놓은 것처럼 눈에 띄지 않았다.

내가 그곳을 발견한 것도 순전히 우연이었다. 호기심이 생겨서 들어가 봤는데, 좁고 어두운 내부에는 작은 테이블 두 개가 전부였다. 테이블 간격이 좁고 너무 조용해서 편하게 대화하기도 힘들 듯했다. 일이나 독서하기에는 조명이 어두웠다. 가격은 싼 편이었지만, 요즘은 비슷한 가격에 질 좋은 원두를 사용하는 프랜차이즈 카페도 많다. 경쟁력이 없어 보였고, 실제로 내가 앉아 있던 40여 분 동안 손님은 단 한 명도 없었다.

'왜 이런 데서 카페를 하지? 이렇게 손님이 없는데 운영이 되나?'

이런 의문이 드는 것도 당연하다. 이렇게까지 손님이 없어서야 월세조차 내기 힘들 테니까.

그럴 때마다 드는 첫 번째 생각은 똑같다.

'사장이 건물주인가?'

가장 그럴싸하고 합리적인 대답이다. 실제로 자기 건물에서 취미처럼 장사하는 사람이 생각보다 많다.

그런 사람을 보고 '금수저로군! 돈 많아서 좋겠네'라는 삐딱한 생각이 든다면 정신 차려야 한다. 부러워할 바에는 건물주 될 방법을 찾는 게 현명하다.

"난 금수저가 아닌데"라는 말은 핑계에 불과하다. 언제까지 환경 탓, 과거 탓만 하고 있을 것인가? 나 역시 흙수저 중의 흙수저였지만 지금은 모르는 사람이 보면 금수저 물고 태어난 사람으로 오해받는다.

부자만 보면 '운 좋게 부잣집에서 태어났으니까 저럴 수 있는 거야'라는 약해빠진 소리나 늘어놓다 보면 요즘 같은 무한경쟁 시대에서는 도태될 수밖에 없다. 부러운 사람이 있다면 부러워해라. 단, 평생 부러워만 해서는 안 된다. 나도 그런 부러움의 대상이 되겠다는 각오와 다짐, 나아가 공부와 실행이 필요하다.

## 어려워서 못 하는 게 아니라 안 하니까 어려워 보이는 '건물주 되기'

건물주가 되고 싶으면서도 자영업자가 건물주 되지 못하는 가장 큰 이유로, 나는 '착각과 오해'를 꼽는다. '돈이 많아야 건물주가 될 수 있겠지? 그러니까 일단 돈부터 많이 벌자.'

이런 막연한 착각이 자영업자 성공의 기회 발목을 붙잡는다.

그러나 결론부터 말하자면, 돈을 많이 벌어야 건물주가 되는 게 아니라, 먼저 건물주가 돼야 돈을 많이 벌 수 있다. 예를 들어, 15억 원짜리 상가 건물을 '장사로 번 돈 모아서' 사려면 얼마나 걸릴까? 연매출 20억 원이 나와도 생활비나 각종 비용과 세금, 특히 재투자 비용을 제하면 2억 원 남기기도 쉽지 않다. 몇 년을 모아도 사기 힘들다. 그 사이 월세나 원자재 가격, 여러 비용이 오른다면? 10년이 걸려도 15억 원을 모으지 못할 수도 있다. 그 와중에 건물 가격이 오른다면 영영 못 살 가능성이 크다.

그런데도 자영업자 대부분은 방법을 생각해보지도 않고 말로만 '건물주 되고 싶다'고 하다가 포기하기 일쑤다.

알고 보면 자영업자가 건물주 되기란 그리 어렵지 않다. 단 한 가지 조건만 충족하면 된다. 최근 1년간 한 번도 직원 월급과 월세를 밀리지 않았으면 된다. 물론 빚을 내서 또는 비상금을 써서가 아니라 매출을 올려서 월급과 월세를 주었어야 한다는 의미이다. 이는 영업을 이어갈 만큼의 매출을, 꾸준히 올렸다는 의미이기 때문이다. 이 조건 하나면 충분하다. 나머지는 결심과 실행의 문제다.

뭔가 거창한 방법을 이야기하려는 게 아니다. 많은 사람이 집을 구할 때 월세보다 전세를 선호하는데, 금전적인 이득 때문이기도 하다. 월세를 낼 바에는 전세자금대출 이자가 '더 싸게 먹힌다'는 것이다.

마찬가지다. 20억 원짜리 건물을 현찰로 사는 사람은 거의 없다. 대부분은 대출받고 일부만 자신이 낸다.

자세한 이야기는 뒤에서 다루겠지만, 1년 이상 건실하게 영업을 해왔다면 대출 한도와 이자, 모두 좋은 조건으로 대출이 가능하다. 매매가의 60%에서 80%까지도 받을 수 있다. 그렇다면 20억 원짜리 건물은 20~40%인 4억~8억 원이면 살 수 있다는 말이 된다. 물론 적은 돈은 아니지만, 건물주가 되는 비용으로는 매우 적다. 건물주가 됨으로써 얻게 될 이득을 고려하면 더더욱 그렇다.

대출에는 필연적으로 위험이 따른다. 이자를 내지 못하면 최악의 상황에서는 건물이 경매로 넘어가기도 한다. 앞서 말한 '1년간 직원 월급과 월세를 밀리지 않을 만큼의 꾸준한 매출'이라는 조건은 그래서 필요하다. 1년 이내 폐업률이 50%를 넘긴 지 오래인 상황에서 이는 자생력을 어느 정도 검증한 셈이다. 이후로도 어지간해서는 크게 손해를 보지 않을 수 있다는 최소한의 믿음을 가질 정도는 된다. 그러니 이 정도 '검증'이 된 상황이라면 대출을 이용해 건물주가 되고, 월세 낼 돈으로 이자를 내는 편이 낫다. 생각보다 방법도 어렵지 않고, 실제로 그렇게 하는 사람도 적지 않다. 지레 겁먹고 알아볼 생각조차 하지 않는 것이 사실상 유일한 문제다.

참고로 사소한 팁을 하나 알려주자면, 나는 건물을 살 때 0을 하나 빼고 생각한다. 무슨 의미냐면, 20억 원짜리 건물이라면 2억 원이라고 생각하고, 그 중 15억 원을 대출받는다면 1.5억 원을 빌린 것으로 본다는 의미이다. 어차피 내 돈은 20% 남짓만 들어가니까 심리적 장벽을 줄이려고 만들어낸 방법이다. 그게 무슨 의미가 있나 싶을지 몰라도, 나는 이런 생각만으로도 두려움을 크게 줄일 수 있었다.

처음 건물주가 되는 과정에서 건물주가 되는 것은 투자 관점이 아니라 사업 관점으로 접근해야 한다는 것을 깨달았다. 결국 성공한 건물주가 되기 위해선 마인드가 8할인 것이다.

## '건물주 자영업자'의 이점

자영업자가 건물주 됐을 때의 이득은 그저 월세 좀 아끼는 게 전부가 아니다.

우선, 건물주의 '갑질'에 시달릴 일이 없다. 잠실점간을 예로 들었을 뿐이지 실제로는 여러 명의 건물주에게서 다양한 갑질을 당해왔다. 대부분이 법적으로는 나에게 아무런 책임도 없지만, 임차인으로서, 자영업자로서 어쩔 수 없이 손해를 감수해야 할 일들이었다.

당연히 내가 직접 건물을 사서 오픈한 곳들은 그럴 일이 없다. 내가 살 때 권리금을 주고 들어갈 필요가 없다. 또 내가 나갈 때에도 원상복구를 할 필요가 없다. 금리가 안정권으로 접어들 때는 평균 책정되어 있는 임차료

보다 이자가 싸지기 때문에 각종 이벤트와 서비스 제공, 마케팅 등으로 경쟁 매장보다 우위를 점할 수 있다.

심리적인 안정감도 상당하다. 임차인이었을 때는 건물주에게서 전화라도 오면 심장이 덜컥했다. 혹시 무슨 문제가 생겼나? 월세를 올리려는 걸까? 나가라고 하면 어쩌지? 온갖 생각 때문에 전화를 받기 전에는 심호흡해야 했다.

또한, 건물주가 돼야 빨리 부자가 될 수 있다. 가장 중요한 이야기일지도 모르는데, 제법 성공적으로 장사를 해온 사람으로서 말하자면, 장사로 버는 돈으로는 건물 가치 상승을 따라잡지 못한다. 10년 넘게 장사를 해서 번 돈보다요 몇 년간 건물주로서 번 돈이 비교도 되지 않을 만큼 크다.

실제 내가 5년 동안 월 1천만 원 노동소득으로 6억을 벌었다. 그런데 건물주가 된 후의 5년 동안의 수익은 34억이다. 그것도 처음에만 공부하고 분석하고 매입한 뒤 내가 한 것이라곤 내 건물에서 장사에만 신경쓴 것밖에 없었다. 너무 어이없지 않은가. 와신상담하면서 내 몸을 갈아 넣은 노동 수입과 아무 것도 하지 않은 부동산 수입은 6배 차이가 났다. 이 자본주의 시대에는 상식처럼 안 되는 일들이 많다.

특히 '역사상 해결하지 못한 난제'라는 젠트리피케이션에서도 살아남을 사실상 유일한 길이기도 하다.

그렇다고 부동산 투기를 하라는 말이 아니다. 나는 그저 자영업자들이 자기 건물에서 장사하고 자기계발하고 아이 키우고 미래를 계획할 수 있으면 좋겠다. 지금 산 건물이 나중에 내 노후를 책임질 수도 있다. 일만 해서는 미래까지 책임질 수 없는 세상이니 말이다. 그러니 최소한의 조건인 '1년 동안 월세를 밀리지 않고 낼 정도의 매출'을 올렸다면, 부디 건물주가 되는 길을 생각해보기를 바란다.

# 레버리지 서클만 알면
# 젠트리피케이션은 없다

"월세를 밀리지 않고 낼 정도의 매출을 올릴 수 있다면 그 돈으로 이자를 내면 되니까 대출받아서 건물주가 돼라."

이런 말을 하면 '말이야 쉽지'라고 생각하는 표정이 눈에 보인다. 나 역시 불과 몇 년 전만 해도 그렇게 생각했다. 그러나 누누이 말하지만, 결심하기가 어려울 뿐 방법은 생각보다 어렵지 않고 돈도 생각만큼 많이 필요하지 않다. 나 역시 몇 년 만에 아홉 채를 가진 건물주가 됐고, 예전의 나처럼 건물주의 횡포나 젠트리피케이션에 휩쓸려 장사 자체를 포기해야 할지 고민하는 사람들이 건물주가 되도록 돕고 있다. 실제로 컨설팅 받고 건물주가 된 자영업자들은 하나같이 말한다.

"건물주 되는 게 이렇게 쉬울 줄 몰랐어요! 3년만 빨리 알았으면 얼마나 좋앉을까요?"

"10억은 필요한 줄 알았는데 ⋯ 돈이 이렇게 적게 드는 거 알았으면 처음부터 건물 사서 장사할 걸 그랬어요."

젠트리피케이션도, 건물주의 부당한 갑질도 모두 피하고 내가 원하는 만큼 내 건물에서 마음 편하게 장사하고 더 빨리 부자가 될 수 있는 레버리지 서클을 만나기에 앞서 몇 가지 알아야 할 것들이 있다.

## 레버리지와 두 개의 축

"유레카!"

뭔가 깨달음을 얻거나 오랜 시간 고민하던 문제의 답을 찾아냈을 때, 우리는 이렇게 외친다. 이 말의 어원은 누구나 한 번쯤 들어봤을 것이다. 그리스의 철학자이자 수학자인 아르키메데스가 욕조 속 물이 흘러넘치는 걸 보고 부력의 원리를 알아내며 외쳤다는 일화에서 나온 말이다.

이런 아르키메데스를 대표하는 또 다른 발견이 바로 '레버리지'다. 레버리지란, 작은 힘으로 큰 물체를 움직이는 지렛대의 힘을 말한다. 병따개나 시소를 떠올리면 쉽게 이해할 수 있다. 아르키메데스는 "긴 막대와 지렛대만 있으면 지구도 들어 올릴 수 있다"고 말했다. 그만큼 지렛대는 적은 힘으로도 큰 결과를 만들어낼 수 있는 원리이다.

경제에서는 타인의 자본을 이용해 내 이익률을 높이는 투자를 말한다. 나는 우스갯소리처럼 "아르키메데스가 현대에 태어났다면 트럼프 전 미국 대통

령보다 더 부자가 되었을 것"이라고 말한다. 그만큼 레버리지의 효과는 막대하기 때문이다.

레버리지는 기본적으로 '다른 사람의 돈'을 이용한 투자를 말하지만, 꼭 '돈'만을 뜻하지는 않는다. 레버리지에는 금융 레버리지만이 아니라 '인적 레버리지'도 있다.

'금융 레버리지'는 쉽게 말해 대출이다. 대기업들도 은행에서 돈을 빌려 투자한다. 부동산 '갭투자'도 일종의 레버리지를 활용한 투자다. 이미 전세 세입자가 들어가 있는 상황에서 그 전세자금 상환 의무를 떠안는 대신 매매가와 전세가의 갭차액만 현 주인에게 주고 집을 사는 방법이다. 매매가 5억 원에 전세금이 4억 원인 집이라면, 두 금액의 차액인 1억 원만 집주인에게 주고 집을 사는 대신 전세금 4억 원의 상환 의무를 떠안는 것이다. 현 세입자의 전세자금이 레버리지로 사용된 셈이다. 은행 또한 기본적으로 레버리지를 이용해 운영된다. 은행이 돈을 버는 일반적인 방법은 대출을 해주고 이자를 받는 것인데, 이때 대출해주는 돈은 자신들이 찍어낸 게 아니라 예금과 적금 등으로 받은 '고객들의 돈'이다. 즉, 은행은 고객의 예금을 레버리지로 활용해 더 높은 이자로 빌려주고 돈을 버는 것이다.

인적 레버리지는 좀 더 다양하다. 기본적으로는 내가 잘하는 일, 성과를 높일 수 있는 일에 집중하기 위해 나머지 일을 다른 사람에게 맡기는 것이다. 회사가 제대로 돌아가려면 사장은 큰 그림을 그리고 방향을 정하는 데 힘을 쏟아야지 모든 일을 직접 해서는 안 된다. 다른 일은 사람을 고용하면 된다.

또한, 책을 보거나, 코치, 멘토 등 다른 사람의 지식을 짧은 시간 내에 얻는 것도, 가사도우미를 고용해 집안일을 해결하는 것도 인적 레버리지다.

자영업자와 건물주 관점에서 보자면, 임차인은 건물주에게 철저히 레버리지로 활용된다. 크든 작든 보증금을 내는데, 건물주는 보통 이 돈으로 다른 투자를 한다. 임차인의 보증금이 건물주의 금융 레버리지가 되는 셈이다. 또한, 라라브레드 1호점 때처럼 자영업자가 열심히 뛰어서 건물 가치를 올린다면 이는 건물주가 나를 인적 레버리지로 활용한 셈이 된다. 뒤에서 더 자세히 설명하겠지만, 공동투자자나 가족, 지인에게서 금전적으로든 어떤 식으로든 도움을 받는다면 이 또한 인적 레버리지가 된다.

이처럼 우리가 미처 인식하지 못했을 뿐 레버리지는 주위에서 흔히 볼 수 있다. 심지어 우리 대부분은 누군가의 레버리지로 쓰이고 있다. 어떻게든 돈을 벌고 있다면 누군가의 인적 레버리지로 사용되고 있을 가능성이 크다. 그러니 레버리지 자체가 나쁘거나 부당한 것이라고 여겨서는 안 된다. 오히려 좋은 것임을 인식하고, 나 또한 다른 사람을 레버리지로 활용할 생각을 해야 한다. 그 대가만 정당하게 제공하면 된다.

시간은 누구에게나 하루 24시간만 주어진다. 그러나 누군가는 무가치한 일에 24시간을 허비하기도 하도, 누군가는 레버리지를 잘 활용해 하루를 48시간, 72시간, 100시간처럼 쓰기도 한다. 레버리지를 잘 활용하는 사람과 그러지 못하는 사람의 차이이다.

## 레버리지 서클을 여는 세 개의 열쇠

이제 레버리지 서클이 무엇인지 알아볼 시간이다. 레버리지 서클은 하나의 세계이자 세계관이다. 파라다이스나 무릉도원 같은 이상 세계는 아니지만, 자영업자가 마음 편하게 일하면서 빠르게 부자가 될 수 있는 세계라 할 수 있다.

레버리지 서클의 세계관은 '장사는 월세 내면서 하는 것'이라는 생각을 전면 부정하는 것에서부터 시작이다. 오히려 자영업자야말로 건물주가 되기에 최적화된 존재라는 인식, 레버리지를 잘 활용해 자신의 건물에서 장사하는 것을 기본값으로 한다.

모든 건물주는 레버리지를 활용해 건물주가 되고, 건물의 가치를 높인다. 건물주가 되는 과정에서는 '금융 레버리지'를 주로 활용했다면, 건물의 가치를 높이는 데는 '인적 레버리지'를 핵심으로 삼는다. 바로 자영업자의 콘텐츠다. 심지어 건물을 살 때도 자영업자들의 보증금과 월세가 금융 레버리지로 작동하기도 한다. 즉, 건물주가 사용하는 레버리지의 핵심은 결국 자영업자, 정확히는 자영업자의 콘텐츠다. 그렇다면 이 콘텐츠를 가진 자영업자야말로 건물주가 되기에 가장 유리한 존재다. 이런 믿음이 레버리지 서클이라는 세계관의 기본이다. 그러니 자영업자가 조금만 눈을 돌리고 시야를 확장한다면, 이들은 더 이상 누군가의 레버리지로 이용당하는 것이 아니라 자기 자신과 콘텐츠를 레버리지 삼아 건물주가 될 수 있다. 바로 이것이 레버리지 서클이라는 새로운 세계관이다.

레버리지 서클의 세계로 들어가는 문을 여는 데는 세 가지 열쇠가 필요하다.

첫 번째 열쇠는 '장사'다. 좀 더 폭넓게 보자면 자영업 전체다. 단, 뛰어난 콘텐츠를 갖춰 어지간한 외부 요인이나 위기가 아니라면 흔들림 없이 이어갈 수 있을 정도의 탄탄한 기반이 닦여 있어야 한다.

두 번째 열쇠는 '공부'다. 학교만 졸업하면 공부는 끝이라고 생각하기 쉽지만, 요즘은 직장인들도 평생 공부를 해야만 하는 시대다. 무언가 이루고 싶은 일이 있다면 반드시 공부가 뒷받침되어야 한다. 자영업자로서 탄탄한 콘텐츠를 갖춘 것도, 건물주가 되는 데 필요한 모든 지식도 나는 공부를 통해 쌓아갔고, 지금도 공부를 멈추지 않는다. 내가 장사는 건물주다 스터디를 만든 이유다.

세 번째 열쇠는 '건물'이다. 즉, 건물주가 되는 것이다. 앞의 두 가지 열쇠(탄탄한 콘텐츠와 필수적인 공부)가 갖춰졌다면, 마지막으로 남은 것은 결심뿐이다. 그것만으로도 우리는 건물주가 될 수 있다.

이 세 가지 열쇠는 또한 하나하나가 레버리지 서클이라는 세계를 돌아가게 하는 레버리지가 된다. 그 열쇠를 어떻게 찾아내고 레버리지로 활용할 수 있는지, 구체적인 이야기를 할 시간이다.

# LEVERAGE CIRCLE

2부

레버리지
서클을
만드는
세계관
재정립

# 3장
# 콘텐츠를 레버리지로 만드는 전략

레버리지 서클의 세 가지 열쇠 중 가장 기초가 되는 것은 바로 콘텐츠다. 자영업자에게 탄탄한 콘텐츠가 없으면 아무것도 없는 것과 같다. 이유는 뒤에서 설명하겠지만, 나는 항상 "자영업자는 누구보다도 건물주가 되기 쉽다"고 말한다. 다만 '탄탄한 콘텐츠가 있는' 자영업자에게만 그렇다. 콘텐츠가 부실한 자영업자는 오히려 건물주가 되는 데 불리한 요소를 갖춘 셈이다. 간단히 말해, 자영업자가 건물주가 된다면 '월세가 들지 않는 자영업자'이자 '공실을 최소화한 건물주'가 될 수 있으니 금상첨화다. 다만 콘텐츠가 부실하다면, 즉 자신의 자영업이 제대로 돌아가지 않는다면 오히려 '큰 대출을 받은 자영업자'이자 '대출이자도 감당하지 못하는 건물주'가 될 수 있다. 그렇기에 '탄탄한 콘텐츠'야말로 자영업자가 레버리지 서클을 이루는 기초이자 시작점이고, 그런 콘텐츠만이 좋은 레버리지가 될 수 있다.

# '등가교환'이 당연하다는 믿음

"그동안 낸 월세만 모아도 건물 하나 샀겠다."

자영업자들은 우스갯소리로 말한다. 나는 그 말이 더는 농담으로 들리지 않았다.

잠실점에서 건물주에게 혹독하게 시달린 후, 나는 생각했다. 재주 부리는 곰으로 남고 싶지 않다고…. 건물 가치는 내가 올렸는데 그 결실은 건물주가 홀랑 가져간다는 게 억울했다. 결실은 노력에 걸맞게 이루어져야 한다고 배웠지만, 현실에서 '등가교환'은 이루어지지 않았다. 공정하지 않다. 공정하지 못하다면 바꿔야 한다. 변해야 한다.

앞으로도 임대료 내느라 돈은 돈대로 버리면서 건물주 눈치나 보면서 살고 싶지는 않았다. 떵떵거리면서 살기 위해서가 아니라 불공정을 없애기 위해서, 내 노력으로 얻은 결실은 내가 누리기 위해서 건물주가 되는 방법을 생각해야만 했다. 그렇게 생각하고 보니 건물주가 되겠다고 결심하게 해주었다는 점만큼은 나를 그토록 괴롭혔던 건물주에게 고마운 일이다.

### 누구나 건물주가 되고 싶어 한다

세상에 건물주 되기 싫은 사람은 없다. 오죽하면 '조물주 위에 건물주'라는 우스갯소리가 있겠는가. 심지어 몇 년 전에는 초등학생의 장래희망 1위가 '건물주'라는 충격적인 설문조사 결과를 보기도 했다.

자영업자도 마찬가지다. 다들 건물주가 되고 싶다고 말한다. 자영업자 대상으로 건물주 되기 특강이나 세미나를 열면 참석자가 구름처럼 몰린다. 그 자리에서는 모두가 눈을 반짝거리며 내일이라도 당장 건물주가 될 것처럼 꿈에 부푼다. 그러나 정작 실제로 시도하는 사람은 1%도 되지 않는다. 참고로 그렇게 시도한 사람들, 내게 진짜로 건물주가 되고 싶으니 도와달라고 연락한 사람들은 모두 건물주가 되었거나 곧 될 예정이다. 그러니까, 당신이 자영업자라면, 마음만 먹으면 된다. 그 '마음먹기'가 되지 않을 뿐이다.

여기에는 몇 가지 이유가 있다.

첫째, 앞에서도 이야기한 것처럼 건물주는 진짜 부자만 될 수 있다는 착각으로 지레 포기하기 때문이다. 말 그대로 착각이다. 다시 말하지만, 부자가 된 후에 건물주가 되는 게 아니라 건물주가 되면 지금보다 빨리 부자가 되는 것이다.

둘째, 현재에 만족하기 때문이다. 건물주가 되는 데 '관심'을 보이는 자영업자 열에 아홉은 소위 '배가 부른' 사람이다. 월세도 감당하기 벅찬 자영업자라면 다른 일을 찾아보지 건물주가 되려 하지는 않는다. 일이 잘되는 자영업자라면 계속해서 현금이 들어오니 먹고사는 데 전혀 지장이 없고, 오히려 풍족하게 살아간다. 어차피 또 돈이 들어올 테니 모으거나 불리는 데 큰 욕심이 없어 즐기면서 살아간다. 그래서 이들은 부자가 되기 힘들다. 부자는 돈을 잘 버는 사람이 아니라 자산이 많은 사람이기 때문이다. 그러다가 임차계약을 다시 해야 하는 순간이 오거나 건물주의 횡포에 시달리고 나면 기겁하고 건물주가 될 방법을 찾아본다. 그러나 이내 다시 원래의 삶으로 돌아간다. '현재'에 아무런 문제가 없으니 '미래'를 대비하지 않는 것이다.

셋째, '모르기 때문'이다. 무엇을 모르느냐고? 건물주가 되는 방법도, 그게 생각보다 쉽다는 것도, 알고 보면 지금의 나보다 훨씬 적은 돈으로도 건물주가 된 사람이 넘쳐난다는 것도 모른다. 여기에도 여러 이유가 있지만, 핵심은 무관심이다. 건물주가 되고 싶다는 막연한 희망만 있을 뿐, 발 벗고 나서서 알아볼 만큼의 관심을 갖지는 않는다. 더구나 사람들은 끼리끼리 만난다. 사업가는 사업가끼리, 건물주는 건물주끼리 만나는 일이 많다. 나 역시 장사만 할 때는 만나는 사람 대부분이 장사하는 분들이었다. 이렇게 '끼리끼리' 만나면 하는 이야기도 뻔하다. 나와 다른 사장들은 항상 장사 이야기만 했다. 어디가 재료가 싸고 좋다느니, 어느 지역이 요즘 '핫'해서 손님이 많다느니, 요즘은 어떤 아이템이 뜨고 있다느니 마케팅은 어떻게 하냐느니 그런 이야기

뿐이었다. 누구도 부동산이나 건물 이야기를 하지 않았다. 간혹 누가 그런 이야기를 꺼내도 반응은 심드렁했다. 나도 마찬가지였다.

### '지금' 건물주가 되어야 '앞으로'를 버틸 수 있다

후배 자영업자들을 만나는 자리에서 이들이 건물주를 막연한 꿈 정도로만 여길 때, '언젠가는 되고 싶은데 지금은 아니야'라고 생각하는 게 눈에 훤히 보일 때, 나는 이렇게 말한다.

"건물주는 영양제입니다."

무슨 뚱딴지같은 소리인가 싶겠지만, 이보다 적절한 비유도 없다.

아마 이 책의 독자도 유산균이나 비타민 같은 영양제 하나쯤은 먹고 있을 것이다. 이들에게 효과가 있느냐고 물으면 대부분 고개를 젓는다. 그렇다면 그리 싸지도 않고 효과도 없는 영양제를 왜 먹는 걸까?

"뭐, 지금 당장 효과 보려고 먹는 게 아니니까요. 영양제는 원래 지금보다 나이 들고 건강 상할 수 있으니까 미리 먹어두는 거 아닌가요?"

맞는 말이다. 영양제는 탑처럼 당장 필요해서가 아니라 나중을 생각해서 지금 먹는 것이다. 당장 급한 게 아니니까 어느 정도 여유가 되거나 몸이 예전 같지 않다고 느껴지면 그제야 챙겨 먹는다.

이런 특징들이 건물주와 같다. 지금 당장은 급하지 않으니까, 현금이 잘 들어오고 살아가는 데 아무 지장이 없으니까, 그러니까 '나중에 돈 좀 모이면 건물 하나 사자' 하고 미루게 된다. 그러나 영양제나 한약도 다 때가 있다. 젊을 때 먹을수록 흡수율이 높고, 나이가 들면 상대적으로 효과가 떨어진다. 이미 몸이 상할 대로 상한 후에 먹으면 늦다. 그때가 되면 후회하게 된다. 건물주도 마찬가지다. 미루고 미루다 보면 결국 타이밍을 놓치고 끝내 건물주가 되지 못한다.

최근에 '장사는 건물주다 아카데미'를 운영하면서 1년 만에 55명을 건물주로 만들어 드렸다. 건물주가 된 후 좋아하는 모습은 감동 그 자체다. 하지만 계약 앞까지 갔다가 매입 못 한 사례도 그만큼 많다.

그때 계약하지 못한 분들을 인터뷰하고 깨달은 게 있다. 결국 건물주가 되려면 '과소비'하겠다고 마음먹어야 한다는 것이다.

이것이 무슨 말인지 설명하기 위해 한 가지 질문을 드리려고 한다. 혹시 하루에 커피를 몇 잔 드시는지, 그 커피는 마시지 않는다면 죽게 되는지. 당연히 그렇지 않다. 커피는 마셔도 되고 안 마셔도 된다. 그렇다면 커피 마시는 건 안 마셔도 되는데 마시는 것이니 일종의 과소비다.

건물도 마찬가지다. 건물을 당장 안 산다고 해서 죽는 것도 아니고, 장사를 못하는 것도 아니다. 당장 급하거나 당장 필요한 게 아니라는 것이다. 그러다 보니 차일피일 미루게 되고, 살 타이밍을 놓쳐서 마음속에 버킷리스트로만 남아 있게 된다.

과소비는 갖고 싶고, 하고 싶은 욕망을 건드리면 발동된다.

내가 내 첫 건물의 건물주가 될 수 있었던 건 건물주들의 갑질이 내 욕망에 불을 질렀기 때문이다. 갑질 없이 장사만 잘하고 싶다는 욕망은 나를 과소비하게 했다. 이 과소비 덕분에 현재 아홉 채 건물의 건물주가 되었다.

이 책을 읽기 전에 건물은 아직 없어도 된다 생각하셨다면 마음을 달리 먹어보길 바란다. 자영업자에게 건물은 필수인데 '없어도 된다, 아직은 아니'라고 생각하며 건물주가 될 시간을 유예하고 있는 것이다.

너무 열심히만 살아서 장사에 매몰되는 사장님들을 보면 안타깝다. 고생 끝에 낙이 온다는 말이 있다. 내가 정말 싫어하는 말이다. 장사하는 사람들에게 고생 끝은 골병이다. 제발 남 좋은 일은 그단두자. 지금 건물주가 되거나, 최소한 될 방법을 알아두자. 그래야만 고생의 끝이 골병이 아니라 '등가교환'의 결과로 풍족한 삶, 편한 마음으로 언제까지든 내가 하고 싶은 일을 할 수 있는 미래가 온다.

# 경쟁력 있는 콘텐츠는 '기본기'에서 나온다

"콘텐츠 없이는 아무것도 없습니다."

장사 선배로서 또는 건물주 선배로서 자영업자 후배들에게 조언해줄 때, 나는 항상 이렇게 말한다. 콘텐츠가 중요한 이유는 앞에서도 강조했으니 더는 설명하지 않겠다. 딱 한 가지만 다시 강조하자면, 자영업자로서 건물주가 될 수 있는 필요충분조건은 '월세가 밀리지 않을 정도의 매출'을 올릴 수 있어야 한다는 것이다. 그러지 못한다면 건물주가 되기도 어려울 뿐만 아니라, 건물주가 되면 오히려 위험해질 수도 있다. 이유는 앞에서 설명했으니 생략하기로 하고, 그런 탄탄한 콘텐츠를 갖추는 기본기부터 이야기를 나눠보자.

## 열매는 뿌리에서 비롯된다

"어떤 자리가 장사가 잘되나요?"

"장사를 해보고 싶은데 뭘 팔아야 할까요?"

내가 자주 받는 질문들이다. 질문하는 사람의 상황에 따라 구체적인 대답은 천차만별로 달라질 수 있지만, 나는 일단 이렇게 말한다.

"입지나 업종이 아니라 누가 하느냐가 가장 관건입니다."

좋은 입지, 핫한 업종이라도 콘텐츠가 약하면 손님의 발길은 이내 끊긴다. 반면, 콘텐츠만 좋다면 찾기도 힘들고 교통이 불편한 구석진 곳에 있어도 손님들이 찾아온다. 모두가 콘텐츠의 힘이다. 그리고 콘텐츠를 만드는 것은 사람이다. 그렇기에 누가 하느냐가 중요하다. 그리고 그는 사장이 어떤 자세로 일하는지가 핵심이다.

예전에 친했던 형님이 있다. 돈을 많이 벌어서 비싼 외제 차를 몰고 다니는 그를 보며 참 많이도 부러워했다. 그러나 얼마 전, 오랜만에 본 그는 대리운전으로 생계를 이어가고 있었다. 왜 그렇게 됐을까?

"뿌리 깊은 나무 바람에 아니 뮐세"라는 말이 있다. '깊게 뿌리 내린 나무는 거센 바람에도 흔들리지 않는다'는 말이다. 신념과 철학이 굳건히 뿌리 박히지 못한 사람은 작은 일에도 이리저리 흔들리고 뿌리까지 뽑혀버린다. 그 형님이 그런 경우다. 사업이나 장사에도 철학과 신념, 원칙 등이 필요하다. 그 형님은 그런 면이 너무도 부실했고, 사업은 제대로 자리를 잡기도 전에 뿌리째 뽑혀 나갔다.

사실 남 이야기할 때가 아니다. 뒤에서 다시 이야기하겠지만, 나도 첫 창업을 비슷한 이유로 망했다. 그러고도 정신을 차리지 못했는지, 나중에 마케팅 회사를 차리고도 같은 실수를 반복했다. 사업이 좀 잘되니 다시 어깨에 힘이 들어가서 항상 마케팅 용어를 남발해가며 잘난 척을 해댔다. 그런 지식이나 정보야 책과 인터넷에서 얼마든지 찾아낼 수 있는데도 마치 마케팅의 대가라도 된 듯이 건방을 떨었다. 깊게 뿌리 내릴 생각은 하지 않고 줄기만 급하게 키워 열매만 따 먹으려고 했던 셈이다. 제대로 뿌리 내리지 않은 나무에서 얼기설기 자란 열매는 썩은 과일이라 먹을 수도 없었다.

사람들은 점점 남의 것을 베끼고 싶어 한다. 스스로 뿌리를 잘 내리고 성장해서 줄기를 탄탄하게 세우고 열매를 맺으려는 게 아니라, 남이 키운 열매를 빨리, 쉽게 따먹으려고만 한다. 유명한 주식 투자자의 강의를 들었으면 그 노하우를 배워서 직접 투자해보면서 몸으로 익혀야 하는데, 강사를 찾아가 대뜸 주식 종목을 추천해달라고 한다.

예비 자영업자들을 대상으로 건물주 되는 법 세미나나 강의를 자주 하는데, 끝나고 나서 내게 찾아와 "입지 좋은 곳 알려주세요"라고 말하는 사람도 많다. 그런 추천은 해주지도 않지만, 장담하건대 추천해줘도 열에 아홉은 그 건물을 사지 않을 것이다. 쉽게 남이 키워놓은 열매만을 따 먹으려는 사람은 건물을 사는 과정에 뒤따를 수많은 결정도 직접 내리기 힘들기 때문이다. 반면 스스로 공부하고 경험해 뿌리를 내리면 어떤 결정도 감당할 수 있다. 애초에 본인의 뿌리가 얕으면 제대로 실행할 수 없는 법이다. 본인의 그릇이 그 정도에 불과하니까.

뿌리를 확실하게 내리기로 마음먹었다면 자영업자의 뿌리인 콘텐츠를 탄탄하게 자리 잡게 하는 법을 고민해봐야 한다. 그 핵심은 '기본'이다.

### Back to the basic

기본이 중요하다는 사실을 모르는 사람은 없다.

평소 온화하고 유쾌한 모습을 보이던 백종원 대표가 방송에서 자영업자를 컨설팅해주다가 불같이 화를 낼 때가 있다. 주로 청소 상태가 엉망일 때, 재료 보관 상태가 엉망이거나 오래된 재료를 사용할 때, 이런 점들에 주의를 주어도 개선되지 않을 때다. 나는 그 입장에 완벽히 공감한다.

흔히 '하나를 보면 열을 안다'고 하는데, 장사하다 보면 아홉 가지를 잘해도 단 하나의 작은 실수로 모든 것이 물거품이 될 수 있다. 아무리 음식을 맛있게 만들어도 서빙 직원이나 카운터에서 불친절하면 손님은 기분이 크게 상할 수 있다. 요즘처럼 경쟁이 심한 시대에 한번 기분이 상한 손님은 다시 찾아오지 않을 가능성이 크다.

손님으로서 식당에 갔을 때, 화장실이 지저분하고 쓰레기가 방치되어있으면 다시 찾기 싫어진다. 화장실이 이 모양이면 주방도 뻔할 거라는 생각이 들어 더욱 불쾌해진다. 그래서 나는 사소한 것 하나도 그냥 넘기지 않도록 직원들을 교육한다. 하나라도 소홀하게 되는 순간 수많은 고객을 잃을 수 있기 때문이다. 더욱이 요즘은 SNS가 워낙 발달했으니, 그야말로 사소한 실수나 잘못 하나로도 매장의 존폐가 갈리기도 한다. 실제로 음식에서 수세미 조각이 나왔다는 사실이 삽시간에 SNS로 퍼져 매출이 절반 아래로 떨어진 유명 맛집도 있다고 한다.

모든 것을 다 잘하기란 쉽지 않은 일이지만, '기본을 잊지 않는 것'이야말로 '기본 중의 기본'이다. 손님이 많이 밀려서 마감이 늦어졌으니까 오늘 하루쯤은 청소 좀 대충 해도 괜찮겠지? 그랬다가는 곧장 '예전 같지 않다'는 평을 받게 된다. 내가 자주 하는 말이 있는데, 고객은 귀신이다. 내가 조금만 소홀해져도, 조금만 예전보다 느슨해져도 귀신같이 알아차리고 컴플레인이 들어온다. 나는 고깃집을 운영한 적도 있는데, 월세가 너무 올라서 비용 좀 아껴보겠다고 마늘과 상추 등 채소 종류와 김치를 바꿨더니 곧장 컴플레인이 들어오고 실제로 단골들이 발길을 돌리기도 했다. 그러니 안일함은 버리자. 기본만큼은 무슨 일이 있어도 놓치지 않겠다는 마인드와 태도만 굳건해도 절반은 먹고 들어간다.


### 초심, 뚝심 그리고 진심

'자영업自營業'의 한자를 풀어보면 '스스로를 경영하는 업業'이라는 뜻이 된다. 그러니 대표 자신이 직접 조율하고 움직이지 않으면 아무것도 되지 않는다. 매니저 고용해서 맡기면 되지 않느냐고 생각할지도 모른다. 물론 그렇게 해도 된다. 그러나 작은 곳일수록 소소한 데까지 사장의 관심이 닿아야 한다.

자영업자에게는 기술보다도 마음가짐이 먼저다. 앞서 말한 '기본을 지킨다'가 그 기본이자 핵심이라면, 사업을 성공시키고 유지하는 데는 세 가지 마음가짐이 더 필요하다. 바로 초심, 뚝심, 진심이다.

### 초심

내가 "고객은 귀신이다"라는 말을 괜히 하는 게 아니다. 나는 악착같이 모은 돈으로 20대 중반에 고향인 광주에서 호프집을 오픈했다. 고등학교 중퇴 이후로 7, 8년을 이 악물고 버텨가며 온갖 일을 경험해본 덕인지 장사는 순조로웠다. 문제는 오만함이었다. 주위에서 다들 대단하다고 치켜세워주자 대단한 사람이라도 된 것처럼 매니저를 고용해 가게를 맡겨놓고 밖으로 나다니기 시작했다. 외제차를 몰고 여기저기 쏘다니면서 친구들을 만날 때마다 밥이든 술이든 다 내가 샀다. 문제는 매출이 뚝뚝 떨어지기 시작했다는 것이다.

원래 사장 눈에 보이는 것도 직원 눈에는 안 보이는 법이다. 그러니 진짜 주인이 아닌 매니저에게 주인의식을 바라는 것은 무리였다. 가게는 관리가 소홀해지기 시작했다. 특히 테이블을 꼼꼼히 닦지 않아서 안주 국물이 끈적하게 묻어났고, 바닥도 미끄러웠으며, 맥주잔에 얼룩이 남았다. 그릇에 안주 하나를 담더라도 예쁘고 먹음직스럽게 보여야 하는데, 대충 올려놓은 것 같은 상태로 서빙이 됐다. 단골손님들마저 발길을 돌리기 시작했으니 매출이 뚝뚝 떨어졌다. 흔히 말하는 '초심을 잃어서' 일어난 일이다.

**뚝심**

나는 라라브레드 이전에 디저트 카페를 한 적이 있다. '타르타르'라는 타르트 전문 카페인데, 사업을 시작하기도 전부터 모두가 나를 말렸다. 디저트 카페, 그중에서도 특히 타르트 시장은 포화상태를 지나 사양산업이 됐다고들 했다. 모두 나를 걱정해서 해준 말이니 고맙긴 했지만, 나는 그들과 생각이 달랐다. 이때도 이미 사업이란 '어디서' 또는 '어떤' 아이템으로 하느냐가 아니라 '누가', 즉 '어떻게' 하느냐가 관건이라고 여겼고, 성공시킬 자신이 있었다. 우여곡절은 있었지만, 결과적으로 지점을 여러 개 열면서 승승장구했다. 이처럼 남들이 뭐라 해도 내가 확신이 있다면 밀어붙일 줄도 알아야 한다. 다른 사람들 말만 듣고 시작조차 하지 않았다면 타르타르의 성공은 없었을 것이고, 그 경험을 바탕으로 현재에 이른 라라브레드도 없었을 것이다. 사실 라라브레드를 시작할 때도 마찬가지였다. 브런치 카페는 너무 많은 데다가 1호점인 잠실점처럼 소위 '입지'가 좋지 않은 곳에서 시작하면 무조건 망한다고들 했다. 결과가 어땠는지는 굳이 설명하지 않겠다.

다만 이런 뚝심은 치열한 공부와 연구가 밑바탕이 되어야 한다. 타르타르 창업 전에 나는 전국 방방곡곡의 디저트 카페를 돌아봤다. 그 과정을 여기에 다 담기에는 어렵지만, 타르타르 창업은 그런 숱한 조사와 공부 끝에 얻은 확신이 있었기에 가능했다. 라라브레드 때도 디저트 강국인 일본까지 가서 조사하고 연구했다. 지금도 디저트 시장의 트렌드를 놓치지 않으려고 여러 공부를 하고 있다. 이런 노력 없는 뚝심은 더 이상 뚝심이 아니라 그냥 고집, 좀 더 정확하는 아집에 불과하다. 아집은 망하는 길로 이어질 수밖에 없다. 그러니 명심해야 한다. 자영업자는 끊임없이 공부하고, 연구해야 하며, 그 안에서 얻은 통찰이 있다면 주위에서 뭐라 해도 밀어붙일 수 있는 뚝심이 있어야 한다.

**진심**

"장사에서는 결국 진심이 통합니다."

이 말을 허투루 들어 넘기는 사람이 많다. 그저 창업 교과서에나 나올 것 같은 진부한 말이라 여기는 것이다. 하지만 나는 '진심' 덕에 위기를 극복하고 일어선 일이 한두 번이 아니었다. 처음 맥줏집을 차렸을 때는 '이 가게가 망하면 나와 어머니가 죽는다'라는 각오로 뛰었다. 사소한 것도 놓치는 법이 없었고, 손님들도 나의 진심을 알아주었다. 단골이 된 손님 중에는 개인적으로 안부도 전하고 가깝게 지낸 손님이 많았다. 그러다가 '성공한 사장 놀이'에 빠져 어깨에 힘이 들어가니 손님들은 변한 내 모습을 귀신같이 알아채고 발길을 끊었다. 그나마 다행히 평소 나를 좋게 봐주던 근처 가게 사장님이 가게 매니저를 맡겨주셨기에 밥줄이 끊기지는 않았다. 그분이 나를 좋게 봐주신 것도 '초심'을 잃기 전의 내가 얼마나 진심 어린 사람이었는지를 알았기 때문이다. 그리고 뒤늦게 그 초심을 되찾은 나는 그야말로 진심을 다해 일했다. 항상 일찍 출근해 청소하고 전단지를 1천 장씩 돌렸다. 단골손님 하나하나를 기억해 맞춤형으로 서비스를 챙겨줬다. 서비스를 제대로 챙겨주기 위해 음료 냉장고의 전권을 달라는 나의 얼토당토않은 요구를 사장님이 들어준 덕이다. 친해진 단골 중에는 지나던 길에 나를 보러 치킨이나 피자를 사서 온 분도 있다.

"남의 일에도 진심인 사람은 무슨 일을 하든 성공할 수밖에 없어."

그때 사장님이 내게 해준 조언이었다. 그 조언을 가슴에 새긴 덕에 나는 일어설 수 있었다.

## 고객은 언제나 옳고 답은 항상 현장에 있다

라라브레드의 성공 비결을 묻는 사람들에게 나는 역으로 묻는다.

"왜 성공했다고 보세요?"

여러 가지 대답이 나온다. 다양한 메뉴, 뛰어난 맛, 아기자기하면서도 편안한 매장 인테리어와 분위기, 친절한 서비스…. 모두 맞는 말이다. 나는 이 하나하나에 말 그대로 엄청나게 집중했다. 하지만 내가 진짜 집중한 것은 따로 있다. 바로 '고객'이다. 고객에게 집중해야만 이 모든 것이 제대로 이루어지기 때문이다.

예를 들어, 처음 카페를 시작했을 때는 오픈 기념으로 커피를 한 잔에 100원에 줬다. 매장 안팎은 '100원 커피'를 기다리는 손님으로 가득했다. 그러나 이벤트가 끝나자마자 매장은 텅 비어버렸다. 속이 쓰렸지만, 수업료로는 나쁘지 않았다. 손님들이 찾아오지 않는 것은 우리 커피를 '제값' 주고 사 먹을 필요는 없다고 생각했기 때문일 것이다. 그래서 커피 맛에도 신경을 기울였다. 그러나 커피가 맛있는 카페는 속된 말로 널리고 널렸다. 어지간해서는 우리 매장을 찾을 '이유'가 없다. 나는 '진심은 통한다'는 마음으로 손님 한 분 한 분에 집중했다. 한 번이라도 우리 매장을 찾은 손님은 어떻게든 기억하려고 애썼고, 다시 찾으면 그때의 기억을 떠올리며 인사를 건넸다. 무엇을 좋아하는지, 어떤 자리를 선호하는지 등을 기억해 인사를 건넨 것만으로도 손님들은 단골이 되었다. 뿐만 아니라 친구와 지인들까지 데려왔고, 이 손님들이 또다시 단골이 되면서 선순환이 일어났다. 서비스도, 품질도 모두 고객에게 집중한 결과로 따라온 것뿐이다.

고객의 목소리는 어디서 들을 수 있을까? 인터넷 커뮤니티의 동 업종 사장들의 글? 배달 앱 후기? 모두 참고는 될 수 있지만 진짜 내 매장에 대한 답은 될 수 없다. 결국, 고객의 니즈를 파악할 수 있는 유일한 곳은 '현장'이다. 여기가 라면집인지 칼국숫집인지도 알 수 없는 곳이라면 손님은 문턱까지 왔다가도 돌아선다. 손님이 들어오는데 시큰둥하게 쳐다보고만 있다거나, 필요한 게 있어서 찾았는데 종업원이 대답도 제대로 하지 않고 몇 번이나 불러야 온다면? 제아무리 좋은 상권의 입지 좋은 곳이라도 요즘처럼 SNS가 발달한 시대에 그런 마인드로는 성공할 수 없다.

이런 이야기는 사실 누구나 알고 있다. 그저 바쁘게 살아가다 보면 잊거나 느슨해지게 되고, 사람들은 이를 '초심을 잃었다'고 말한다. 사장도, 매장도 완전무결할 수는 없다. 완전해지기 위해 노력할 뿐이다. 구르지 않는 돌에 이끼가 끼고 고인 물은 썩게 마련이니까. 그리고 그런 노력은 현장에서 고객의 목소리를 들어야만 효과를 본다.

가장 나쁜 것은 '아는 척하는' 태도다. 모르면 물어야 한다. 고객에게 물어라.

"오늘 크리스마스트리 만들었는데 어때요? 괜찮은가요?"

"불편한 점은 없으셨어요? 가게가 너무 춥거나 시끄럽지는 않았나요?"

초콜릿 하나라도 건네면서 웃는 얼굴로 물으면 손님들도 귀찮아하지 않고 웃으며 답해준다. 이때 질문을 '구체적으로' 하는 것도 중요하다. 나는 신메뉴가 나오면 손님들이 맛볼 수 있게 조금씩 제공하는데, 그 맛 평가를 받으려면 질문을 제대로 해야 한다.

"신메뉴인데 어떠셨어요?" 손님으로서 이런 질문을 받았다고 생각해보자.

나올 수 있는 답변은 기껏해야 "맛있어요" 정도다.

"이번에 새로 나온 메뉴인데 입맛에는 맞으셨나요? 너무 달거나 짜지는 않았나요? 가격은 4,900원인데, 그 정도면 다음에 드시겠어요? 혹시 입에 안 맞으셨다면 어떤 점이 안 맞으셨는지 말씀해주실 수 있나요?"

이런 질문을 직접 할 수도 있고, 간단하게 설문지 형식으로 작성해서 줄 수도 있다.

## '100-1'은 99가 아니라 0이다

현장에서 고객과 끊임없이 소통하고 피드백을 받는 이유는 누구에게 보여주기 위해서가 아니라 부족함을 채우기 위해서이다. 그러니까 피드백을 받았으면 과감하게 반영해야 한다. 그러지 않으면 고객의 불만이 쌓일 수밖에 없다. 고객은 불만이 생겨도 묻기 전에는 말하지 않는다. 그냥 다시 오지 않을 뿐이다. 음식이 맛없으면 남기는 것으로 답한다. 종업원이나 사장이 불친절해도 마찬가지다. 짜증이 나고 불평이 솟구쳐도 '됐어, 다시 안 올 건데 따져봐야 나만 피곤하지' 하고 넘긴다. 그리고 다시는 오지 않는다. 심지어 단골도 마찬가지다. 아무리 만족했어도 단 한 번, 잘 쳐줘야 두 번 불만족하게 되면 등을 돌린다.

"100 마이너스 1은 99가 아니라 0입니다. 고객은 100번 만족하다가도 한 번 마음에 안 들면 가차 없이 떠나니까요."

유념하자. 한 번 떠난 고객의 마음을 되돌리는 것은 한 번도 찾지 않은 고객

열 명을 사로잡는 것보다 힘들다는 사실을. 고객의 마음을 사기 위해, 우리는 계속 현장에서 고객을 만나고 물어봐 단점을 장점으로 만들어놓아야 한다. 그것만이 오래 살아남는 길이다.

# 결핍과 단점을
# 무기로 바꾸는 법

콘텐츠를 레버리지로 활용할 수 있으려면 확실한 '무기'가 필요하다. 자주 다니던 길도 몇 달만 안 가면 새로운 가게들이 생겨나서 낯설어지는 시대다. 그만큼 경쟁이 치열한 세상에서 살아남으려면 당연히 남들과는 다른 무언가가 있어야 하지 않겠는가.

"전 남들보다 딱히 잘난 게 없는데요."

이런 핑계는 대지 말자. 남들보다 뛰어나서 무기가 생기는 게 아니라, 무기를 갖추면 남들보다 뛰어난 점이 생기는 것이다. 다시 말해, 평범한 사람, 심지어 단점투성이인 사람도 제법 쓸 만한 무기를 갖출 수 있다는 말이다. 내가 산증인이다. 나는 결핍과 단점으로 점철된 사람이다. 병명조차 낯설고 의사마저 단명할 거라고 말한 희귀병, 롤모델이 되어주지 못한 세 명의 아버지, 상상도 하기 힘든 가난, 중학교 졸업의 짧은 가방끈…. 남들보다 뛰어난 점이 하나라도 있는가?

그런 내가 꿈을 이루었고, 새로운 꿈을 향해 또다시 나아가고 있다. 이유는 단 하나. 약점밖에 없다고 해서 포기하지 않고 오히려 그 약점을 원동력으로 남다른 무기를 갖추었다는 것. 누구든 단점은 있다. 이 단점을 오히려 잘 활용해야만 성공이 열린다.

**부정적인 사람이 되지 말고 부정적인 측면을 고려하는 사람이 돼라**

부정적인 사람치고 성공한 사람 못 봤다. 뭔가 시작하기도 전에 "난 안 돼"라고 마음먹는다면 이미 반쯤 실패하고 시작하는 셈이다. 실제로 성공한 사람들이 하나같이 강조하는 것이 '긍정적인 마인드'이기도 하다. 하지만 성공한 사람들을 보면 무엇이든, 무조건 긍정적으로 보려고만 하지는 않는다. 그건 긍정적인 게 아니라 낙관주의자다. 낙관주의자는 부정적인 사람만큼이나 성공하기 힘들다.

실제로 성공한 사람들은 부정적인 이야기도 곧잘 한다. 다만 이들은 '부정적인 면만 보려고' 하는 게 아니라 무슨 일을 하든 '부정적인 측면도 고려'한다. 무슨 차이일까?

머리는 좋은데 공부를 안 하는 학생이 진지하게 자신을 돌아보았다고 치자. '부정적인 사람'이라면 어떻게 생각할까?

"머리가 좋으면 뭐해? 난 게을러서 안 돼. 노력도 타고나야 할 수 있는 거야. 난 안 돼."

'부정적인 측면을 고려하는 사람'이라면 같은 상황에서 어떻게 생각할까?

"난 머리는 좋은데 공부를 '안' 한단 말이지. 실천이 안 되는 거야. 그럼 실천하려면 어떻게 해야 할까? 그래, 일단은 실행력을 높이자. 우선 사소한 것부터 시작해야겠어. 난 게을러서 늦잠을 많이 자니까, '아무리 바빠도 아침에는 꼭 이불 개기'부터 시작해볼까?"

이처럼 부정적인 측면을 해결할 방법을 찾게 된다.

부정적인 사람은 안 되는 것만 찾는다. 놀라울 정도로 핑계를 잘 찾아낸다. 반면 부정적인 측면을 고려하는 사람은 지금 나의 상황은 어떤지, 최악의 상황은 뭔지, 그걸 방지하거나 개선하려면 어떻게 해야 하는지 방법을 찾고 부정적인 것들을 하나하나 제거해 나간다.

장사든 건물주든 마찬가지다. 국제 상황과 맞물려 금리가 요동친 적이 있다. 금리가 치솟자 건물주 되고 싶다던 사람들이 발을 뺐다. 이자 때문에 대출받기가 꺼려진다는 이유였다. 나는 어땠을까? 금리가 낮을 때보다는 부담이 커졌지만, 개의치 않았다.

높은 금리로 대출받았을 때 일어날 최악의 상황은 뭘까? 당연히 오른 이자를 내지 못하는 것이다. 하지만 나는 임차인이었을 때 한 번도 월세를 밀리지 않았다. 지금 다시 남의 건물에서 장사를 시작해도 그럴 자신이 있다. 그게 대출이자라고 해서 달라질 건 없다. 또 높아진 금리만큼 부동산 시장이 얼어붙어 매수자인 나에게 유리하니 2년 치에 해당하는 높은 금리 비용만큼 매도자에게서 저렴하게 사면 되는 게 아닌가.

이런 마음가짐으로 접근한다면 건물주가 되기로 마음먹기가 한결 쉬워질 것이다. 금리야 내가 어쩔 수 없는 부분이지만, 월세나 대출이자 정도는 충분히 감당할 자신이 있다면 하루라도 빨리 건물주가 되는 편이 유리하니까. 이렇게 생각하면 당장 오늘 금리가 높다고 해서 포기할 일이 없다. 장사도 마찬가지다. 최악의 상황은 무엇인지를 생각해보고, 이를 극복할 자신이 있다면 금상첨화다. 극복할 자신이 없다면 그 방법을 찾아서 실행하면 된다. 간단한 일이다. 실제로 행하지 않고 있을 뿐이다.

### 성공한 사람은 성공한 이유가 있다

20년 전의 나는 꿈이 많았다. 미용실에서 잡지를 보다 멋진 외제 차를 보고 잡지를 몰래 뜯어 고시원 벽에 붙여놓고 '이런 차로 예쁜 여자친구 만나 드라이브를 하고 싶다'고 생각했다. 생각만 한 게 아니라 아예 언젠가 반드시 그렇게 하겠다고 써서 같이 붙여놨다. 꿈은 더 있었다. 건물주가 되고 싶었다. 역시 써서 붙여놨다. 책을 쓰고 무대에서 사람들에게 내 이야기를 들려주고 싶었다. 다른 사람들에게 꿈과 희망이 되고 싶었다. 나는 이 모든 꿈을 직관적으로 보여줄 사진과 그림을 찾아서 출력했고, 글로도 써서 같이 붙여놓았다. 되고 싶은 나, 내가 원하는 내 모습을 구체적으로 머릿속에 그렸고, '드림노트 Dream note'라는 것을 만들어서 하루에 100번씩 쓰고 큰 소리로 말하기도 했다. 소위 '끌어당김의 법칙'을 해본 것이다.

솔직히 말하자면, 믿고 한 것은 아니었다. 그저 절박해서 뭐라도 해봐야 했고, 그 무렵 읽었던 책이나 들었던 강연에서 성공한 사람 대부분이 권했기 때문에 해본 것뿐이다. 그러니까 지푸라기라도 잡아야 할 시점에 눈앞에 나타난 것을 동아줄인지 지푸라기인지 구분하지 않고 일단 잡아본 셈이다.

내가 하고 싶은 말은 끌어당김의 법칙을 믿으라는 것이 아니다. 성공하고 싶다면 절박함이 있어야 하고, 믿든 믿지 않든 성공한 사람들의 조언을 받아들여 실행해보라는 것이다. 나는 지금도 내가 끌어당김의 법칙 때문에 성공했다고 확신하지는 않는다. 다만 그런 절박함이 나를 더욱 부추겼고, 실제로 더 열심히 하게 만든 것만은 분명하다.

참고로, 나는 주위 사람들에게도 꿈을 숨기지 않고 말했는데 친구들은 은근히 비웃기도 했다. 말은 안 했지만 '가당키나 하겠냐'는 눈치였다. 지금 나는 그때 소망했던 것들을 모두 이루었다.

### 장사는 EQ다

내가 장사를 잘하게 된 이유가 뭘까 곰곰 생각해본 적이 있다. 몇 가지 결론이 나왔는데, 그중 하나가 손님들을 만족시킬 소소한 서비스를 찾아내는 센스였다. 하지만 타고난 강점이 아니라, 슬프게도 나의 약점에서 생겨난 무기였다.

어린 시절부터 나는 어딜 가도 눈치를 봐야 했다. 집에서는 툭하면 화를 내고 주먹을 휘두르는 아버지들 눈치를 봐야 했고, 때로는 어머니도 나 때문에 삶이 힘들어졌다고 여기는 것 같아 눈치를 볼 수밖에 없었다. 친구들과 있으면 서로 눈치를 봤다. 친구들은 실수로라도 나를 다치게 하면 큰일이 날까 걱정했고, 내가 껴 있으면 마음대로 놀지도 못했다. 미안한 마음에 나도 친구들 눈치를 살폈다.

평생 다른 사람의 감정이 어떤지 눈치를 살피다 보니 그들의 기분이 어떤지 민감하게 알아챌 수 있었다. 그리고 상대를 만족시키려면 어떻게 해야 하는지도 자연스레 알게 됐다.

요즘은 '친화력 좋다'는 말도 자주 듣지만, 처음 일을 시작했을 때는 사회경험은커녕 친구조차 거의 없다 보니 너무 내성적이라 고객 응대가 서툴렀다. 긴장감에 말이 어눌해져 주문도 제대로 받지 못했고, 손님과 눈을 못 맞춰서 가슴에 시선을 두곤 했다. 그러다 보니 엉뚱한 오해를 받기도 했고 사장에게 혼이 나기도 했다.

"너 왜 손님을 제대로 안 쳐다봐? 째려보는 것 같잖아! 그리고 말 좀 똑바로 해! 손님들이 알아듣게 말해야 할 거 아냐!"

나는 그제야 사람과 대화할 때는 목이 아닌 눈을 봐야 한다는 것을 알게 됐다. 손님의 눈을 보고 편안하게 주문을 받을 수 있게 되기까지 상당한 시간이 걸렸다.

일단 그렇게 손님들을 대하는 게 조금 편해지고 나니 그때까지는 보이지 않던 것들이 보이기 시작했다. 오늘 저 사람의 컨디션은 어떤지, 아프지는 않은지, 기분은 괜찮은지 살피게 됐다. 여기에 손님 하나하나를 기억하게 된 후로는 그들을 만족시키기가 어렵지 않았다. 식당에서 일했을 때는 자주 배달시키던 근처 옷 가게 직원이 어떤 반찬을 좋아하는지 알게 돼서 그 반찬을 더 많이 챙겨주었다. 사소한 배려지만, 그 직원은 매우 기뻐했다. 또한, 분야나 업종 무관하게 엄마들은 아이를 기억하고 잘 챙겨주면 충성고객이 된다.

"민준이 어머니 오셨어요?"

"어! 우리 아이 이름은 어떻게 아셨어요?"

"어휴, 당연히 알죠. 민준이 그때 뽀로로 뮤지컬 보러 간다고 했던 것 같은데, 잘 보고 오셨어요? 민준이가 뽀로로 좋아하는 것 같아서 다음에 오면 주려고 뽀로로 사탕 챙겨놨어요."

이런 배려 하나에 그 어머니는 혼자만 단골이 된 게 아니라 모임만 있다 하면 우리 가게를 찾아왔다.

한번은 매장에 젊은 남녀가 왔는데, 딱 봐도 커플이었고, 남자가 여자에게 홀딱 반한 게 눈에 보였다. 그들을 조용히 지켜보고 있는데, 여자 손님이 갑자기 초콜릿을 먹고 싶다고 했다. 나는 그 말을 놓치지 않고 근처 편의점으로 달려갔다. 뭔 초콜릿이 그리 많은지 살짝 당황했지만, 대략 열 가지 종류의 초콜릿을 사왔다. 그리고 그 커플이 계산하러 왔을 때, 초콜릿을 꺼내며 말했다.

"식사는 잘하셨어요? 입맛에는 맞으셨나요? 아, 그리고 제가 아까

지나가다 들었는데 초콜릿 드시고 싶다고 하셨죠? 뭘 좋아하시는지 몰라서 이렇게 사와 봤어요. 맛있게 드시고 오래오래 잘 사귀시길 바랍니다."

그러자 여자 손님은 감동해서 어쩔 줄을 몰랐다. 그리고 며칠 후, 남자 손님이 고맙다며 혼자 나를 찾아왔다. 손에는 선물까지 들려 있었다. 이렇게 조금이라도 마음을 쓸수록 손님은 나의 편이 된다. 손님을 대하는 모든 일은 사람의 마음을 사야 한다. 나는 이런 점을 나의 약점 때문에 삶을 통해 익히게 됐지만, 누구든 마음만 먹으면 배울 수 있는 것이다.

### 단점을 무기로 바꾸는 법

나의 약점은 앞에서 말한 것 외에도 많다. 지금은 거의 극복했지만, 열등감 덩어리라는 것도 분명 큰 약점이었다. 나의 약점들은 결핍에서 왔다. 건강한 몸이 없었고, 좋은 머리가 없었으며, 롤모델이 되어줄 아버지가 없었다. 기본적인 생활도 걱정해야 할 만큼 돈이 없었고, 속마음을 털어놓을 친구도 없었다. 그야말로 결핍과 결핍뿐이었다.

하지만 다행히 나는 '부정적인' 사람이 아니라 '부정적인 측면을 고려하는' 사람이었다. 그리고 성공하고 싶다는 마음, 부자가 되고 싶은 욕망은 남들보다 컸다.

약점을 명확히 파악하니 꿈을 이루려면 무엇을 해야 하는지가 보였다. 간단했다. 결핍을 채우려면 당장은 공부와 경험, 약간의 자금이 필요했다. 그래서 닥치는 대로 일을 하면서 경험을 쌓고 돈을 모았다. 쉬는 날이면 돈을 아끼려고 도서관이나 헌책방에 가서 닥치는 대로 책을 읽었다. 그리고 그 과정에서 다른 사람의 지식과 경험을 모방해 다시 창조해내는 방법까지 배울 수 있었다. 현재의 나를 만든 모든 것이라 해도 과언이 아니다. 그야말로 '결핍'에서 나온 '약점'이 무기가 되어 보통 사람들보다 몇 배는 치열하게 일과 공부를 병행한 결과였다.

'약점 덕분에' 성공한 경험은 또 있다. 디저트 카페에 이어 브런치 카페를 창업했지만, 아이러니하게도 나는 빵도, 커피도 좋아하지 않는다. 보통은 좋아하는 일에 몰두하다 보면 성공한다고 하지만, 반대로 좋아하지 않는 분야에서 오히려 성공 가능성을 높일 수 있다.

베이커리 카페 입장에서 손님으로 끌어오기 힘든 것은 빵과 커피를 좋아하는 사람과 좋아하지 않는 사람 중 어느 쪽일까? 당연히 후자다. 그러니까 나는 베이커리 카페에서 '손님으로 만들기 어려운' 사람이다. 그런 나조차 가고 싶어지는 베이커리 카페라면? 당연히 성공할 수밖에 없다. 여기서 모든 답이 나왔다. 빵을 좋아하지 않는 내가 먹어도 감탄할 만한 메뉴를 개발하기 위해 힘썼다. 실제로 내 입맛에 맛있었던 빵은 손님들의 반응이 좋다.

나처럼 빵도, 커피도 좋아하지 않는 사람이 카페에 가려면 다른 요소들이 뛰어나야 한다. 인테리어도 예뻐야 하고, 직원은 친절해야 한다. 가뜩이나 좋아하지 않는 것들을 먹으러 갔는데 분위기도 좋지 않고 직원들마저 불친절하다면 더더욱 안 갈 테니까. 그런 사람이라도 연애할 때는 카페에 자주 가게 되어 있는데, 요즘 카페를 보면 많은 사람이 커피든 빵이든 사진을 찍어서

SNS에 올린다. 그렇다면 나 같은 사람도 사진을 찍어서 올리고 싶을 만큼 메뉴를 예쁘고 먹음직스럽게 만들면 어떨까? 이런 고민은 타르타르 때부터 시작해 라라브레드까지 이어지고 있다.

이처럼 단점들을 무기로 바꾼 비법을 정리하자면 세 가지로 요약 가능하다. 벤치마킹과 온고지신 그리고 반면교사다.

### 벤치마킹

나는 책을 좋아한다. 그러나 이론은 기본적인 것만 잡고 넘어간다. 창업은 과학과 같다. 과학자는 가설을 검증하기 위해 실험을 한다. 수정과 보완을 거쳐 자신의 가설이 맞는지 검증한다. 창업도 마찬가지다.

내세울 만한 강점이라곤 찾아볼 수 없었으니 나는 장사가 잘되는 곳들을 찾아가 연구했고, 고객들을 인터뷰하기도 했다. 잘되는 곳을 가서 먹어보고, 눈으로 보고, 귀로 들었다. 내가 따라 할 수 있는 것은 최대한 따라 하려 했다. 말 그대로 벤치마킹을 한 것이다.

벤치마킹이 반드시 다른 사람이나 업체를 보고 해야만 하는 것은 아니다. 나는 책에서 읽은 것을 실제로 많이 적용해보는 편인데, 이도 일종의 벤치마킹이다.

매장 오픈 한 달 전이면 품평회를 한다. 내가 누군지 한눈에 보여

줘야 하니까 매장 이름이 쓰인 앞치마를 단정하게 입고 밝은 미소로 동네 사람들에게 다가가서 인사한다.

"안녕하세요? 이번에 여기 앞에 카페를 오픈하는데요. VIP로 초대하고 싶습니다."

그 순간, 내가 건네는 것은 더 이상 전단지가 아니라 초대장이 된다. 이는 『설득의 심리학』(로버트 치알디니 외 저/21세기북스/2002.09)에서 본 '희귀성의 법칙'을 활용한 것이다. '특별히 당신을 초대한다'고 하는데 싫어할 사람은 없다.

품평회에서 사람들이 음식을 먹고 나면 설문지를 준다. 맛은 어떤지, 당도는 어떤지, 먹고 나서 입안이 꺼칠꺼칠하진 않은지, 사진을 찍고 싶은 마음이 드는지, 가격은 적정하게 느껴지는지 등을 문항으로 만들어 답변받는다. 이 역시 나에게는 일종의 벤치마킹이다.

### 온고지신

잘하는 메뉴가 있는 것처럼 특별히 자신 있는 무언가가 있지 않는 이상, 요즘 장사하겠다는 사람들을 보면 크게 둘 중 하나인 것 같다. '요즘 뜨고 있는' 아이템을 택하겠다는 사람, 남들이 시도하지 않는 전혀 새로운 것을 해보겠다는 사람. 전자는 대서를 따르겠다는 안일한 사람이고, 후자는 자신이 전혀 새로운 시장을 개척할 수 있다고 믿는 사람이니 다소 위험할 수도 있다.

기본적으로는 후자가 맞는 방향이라고 본다. 혁신 없이는 성공도 없으니까. 하지만 혁신이 반드시 전에 없던 새로운 것만을 뜻하진 않는다. 오히려 기회는 낡고 오래된 것에서 온다. 내가 타르트 카페를 시작한 그 무렵, 지하철 상가에서도 에그타르트를 흔히 볼 수 있었다. 그런 한물간 아이템이라는 평이 많았다. 하지만 나는 '낡은 아이템'에서 기회를 봤고, 이를 남들과는 전혀 다르게 만든다면 성공할 수 있다고 믿었다. 그래서 홍콩의 유명 에그타르트를 직접 가서 먹어보기도 했고, 왜 관광객들이 필수로 들러야 하는 곳인지 분석하는 등 벤치마킹을 시도했다. 이후 타르트의 종류를 여러 가지로 넓혀 가고 매장 인테리어 등에서도 차별화를 시도해 '낡은 아이템'으로도 성공할 수 있었다.

### 반면교사

외식업계는 직원들의 이직률이 높다. 하루 일하고 안 나오는 건 예삿일이고, 심지어 15분 만에 그만둔 사람도 보았다. 첫 출근 날, 한없이 이어진 손님들을 보고 겁을 먹었는지 유니폼을 화장실에 두고 말도 없이 도망간 것이다. 심지어 주방에서 틈틈이 술을 마셔가며 일하는 사람도 봤다.

나는 이런 사람들이 한심스럽기도 하고 답답해서 연락하며 관찰한 적이 있다 그리고 몇 년에 걸쳐 이들의 삶이 나아지기는커녕 잘해야 제자리걸음이고 오히려 더 안 좋아지는 모습을 많이도 봤다. 그런 불성실한 태도와 자세는 어디에도 일해도 똑같이 반복된 것이다. 이런 모습을 볼 때마다 나의 태도와 마음가짐을 되돌아보게 된다.

또한, 상권이 발달한 지역에 가면 여러 매장을 관찰해본다. 잘 되는 매장이야 말할 것도 없이 잘하고 있으니 배울 게 있다. 한편, 손님이 줄을 서는 매장의 바로 지척에 있는 '같은 업종'인데도 파리만 날리는 곳도 있다. 이런 곳은 들어설 때 분위기부터가 좋지 않다. 기분 나쁜 냄새가 나는 곳도 있고, 직원들의 표정이 어둡거나 손님을 귀찮아하는 내색을 보이기도 한다. 화장실은 말할 것도 없고 테이블과 통로 관리나 청소 상태도 엉망이다. 직원들이 일하는 모습을 지켜보면 시간이나 때우다가 퇴근하겠다는 생각이 눈에 보인다. 가게를 위하는 마음이 조금도 없으니 재고 관리도 엉망이고, 채소처럼 먼저 들어온 것을 먼저 사용해야 하는 선입선출(先入先出)도 지키지 않는다. 이런 곳들을 볼 때면 우리 매장들은 어떤지, 직원들은 어떤지를 다시금 되새기게 된다.

이처럼 배워야 할 것은 벤치마킹하고, 온고지신을 통해 차별점을 찾아내 활용하며, 좋지 않은 점은 반면교사로 삼는다. 배우려는 마음만 있으면 일상에서 이렇게도 크고 작은 스승을 자주 만날 수 있다. 이런 배움은 나처럼 약점

많은 사람도 성공할 수 있게 해주었으니, 지금 당장은 일이 잘 풀리고 있다고 해도 절대로 공부를 게을리해서는 안 된다. 이렇게 하고 싶은 것 못하며 그냥 저냥 살다가 늙는 것은 너무 슬프지 아니한가. 지금을 어중간하게 살면 나중에도 어중간한 인생을 살게 되는 건 당연하다.

## 레버리지 서클 실전노트②
# 자영업자를 위한 마케팅 노하우

좋은 콘텐츠를 갖췄다고 해도 손님에게 알리지 못하면 소용없다. 사업하는 곳이 대로변을 벗어난 데다가 유동인구도 많지 않은 곳이라면 특히 홍보와 마케팅이 중요하다. 마케팅에 대해 깊게 이야기하려면 책 몇 권을 써도 부족할 테니, 여기서는 큰돈을 들이지 않고도 우리 매장을 홍보하는 방법, 처음 온 손님이 재방문하게 만드는 간단한 방법 몇 가지만 이야기해보겠다.

### 소규모 자영업자의 마케팅

#### 1. 결국, 기본은 콘텐츠

마케팅의 기본은 결국 기본, 즉 제품과 서비스의 품질에 있다. 식당이나 카페라면 기본은 맛이다. '품질' 면에서 경쟁력을 갖추기 어렵다면 애초에 자영업을 해서는 안 된다.

품질이 충분히 갖춰졌다면 제품을 마케팅에 활용하기란 생각보다 어렵지 않다. 나는 어떤 장사를 하건 시그니처 제품, 즉 '킬러 상품'을 하나 이상은 무조건 만들었다. 킬러 상품이란, 쉽게 말해 요즘 시대에는 손님들이 사진을 찍어서 자발적으로 SNS에 올리고 싶어 할 만한 상품이다. 내가 개인이나 회사 SNS에 아무리 사진을 찍어서 올려봐야 보는 사람은 많지 않다. 본다 해도 광고라고 생각하고 말 것이다. 그러나 손님들이 자발적으로 찍어서 올리는 사진과 글은 그 자체로 홍보 요소가 된다. 그렇기에 킬러 상품은 눈으로 보기에도 예쁘고 맛도 있어야 한다.

서비스업이라면 당연히 실력을 갖추는 것이 우선이다. 그러나 그것만으로는 '킬러 상품'이라 할 만한 차별화를 만들어내기가 쉽지 않다. 다행히 서비스업에서의 '서비스'에는 매장에 들어선 순간부터 나설 때까지의 모든 '경험'이 포함된다. 예를 들어 매장을 예쁘고 쾌적하게 꾸미고 사진을 찍을 만한 '포토 스팟' 같은 곳을 만들어둔다면 손님들은 대기하는 동안 사진을 찍어서 SNS에 올릴지도 모른다.

이처럼 손님들이 알아서 홍보하게 만드는 전략이 가장 가성비 좋고 효과도 뛰어나다. 이를 위해 적용할 수 있는 방법은 업종이나 자영업자마다 다르지만, '품질'이 뒷받침되어야만 한다는 점은 같다.

## 2. 뿌린 대로 거둔다

요즘처럼 어느 업종이든 경쟁이 치열한 시대에는 '첫 방문'을 끌어내는 것이 중요하다. 손님들 입장에서 보면 이미 검증된 곳도 많은데 굳이 불확실한 곳을 방문할 이유가 많지 않다. 그래서 라라브레드는 오픈할 때마다 '첫 방문'을 끌어내기 위해 가오픈 기간을 둔다. 라라브레드처럼 이면도로의 주택가에 자리 잡는 업체라면 동네 사람들의 입소문을 마케팅의 시작점으로 잡는 것이 좋다. 가장 좋은 방법은 제품을 무상으로 제공하는 것이다.

라라브레드는 가오픈 기간에 동네 사람들에게 '킬러 상품'을 무상으로 제공한다. 테이블당 3명이 온다는 가정하에 100팀에게 제공할 양을 준비해 2~3일 정도 서비스한다. 물론 비용이 들지만, 이 정도의 투자를 아까워해서는 안 된다. 게다가 생각보다 큰 비용이 들지도 않는다. 예를 들어 샌드위치를 무상 제공한다고 해서 음료나 다른 메뉴를 주문하지 않고 무료 샌드위치만 먹고 가는 손님은 지금껏 단 한 번도 없었다. 그러니 다른 메뉴에서 올린 수익으로 상쇄하면 예상보다 적은 비용으로 진행할 수 있다. 심지어 소정의 사은품까지 제공해도 큰 손해는 없다.

킬러 상품이라 할 만큼 자신 있는 메뉴를 공짜로 먹었으니 손님들은 대부분 만족하고, 순식간에 동네에 입소문이 난다. 여기에 커피 쿠폰까지 무료로 주면 재방문율이 상당히 높아진다. 자연스레 개업 초기에 손님이 붐비니 지나가던 사람들의 호기심과 방문 욕구를 자극하는 효과도 있다.

이런 무상 제공의 부수적인, 그러나 어떤 면에서는 더욱 뛰어난 효과는 바로 동네 사람들의 정보까지 얻을 수 있다는 것이다. 나는 이 기간에 방문 고객들의 반응을 살피고 간단한 설문지 작성을 부탁한다. 제값 다 내고 이용할 때는 설문지 작성을 귀찮아할 고객들도 무료 서비스를 받은 상황에서는 흔쾌히 해준다. 이렇게 조사한 내용을 바탕으로 향후 어떻게 운영할지 전략을 세울 수 있다. 앞으로 우리의 주요 고객이 될 동네 사람들의 성향을 파악함과 동시에 그들에게 좋은 인상까지 심어줄 수 있으니 잃는 것보다 얻는 것이 훨씬 많은 전략이다.

### 3. 꾸준한 온라인 마케팅

흔히 '마케팅'이라고 했을 때 가장 쉽게 떠올리는 광고와 홍보도 당연히 필요하다. 특히 네이버 플레이스나 인스타그램 등을 활용한 기본적인 온라인 마케팅은 반드시 해야 한다.

온라인 마케팅의 범위와 방식이 너무도 다양해 일일이 설명할 수는 없지만, 요즘은 온라인 마케팅 방법을 알려주는 강의나 책도 많고, 유튜브나 인스타그램 등에서 무료로 알려주는 노하우도 많으니 마음만 먹으면 공부는 어렵지 않다.

라라브레드를 예로 들자면, 최근에는 짧은 영상인 숏폼(short-form)을 주로 활용한다. 인스타그램에 릴스를 올리고, 네이버 플레이스에도 사진만이 아니라 매장 전경과 직원들이 일하는 모습, 고객들이 이용하는 모습 등을 영상으로 찍어서 올린다. 여기에 '영수증 리뷰 이벤트'를 병행한다. 실제 이용 고객이

영수증 사진 등을 첨부해 방문 후기를 작성하면 다음 방문 때 서비스를 주는 것이다. 이때, 서비스 제공 제품이 매력 있어야 이벤트 참여율도 높아지고 긍정적인 후기가 많아진다.

온라인 마케팅의 핵심은 매일 그리고 꾸준히 해야 한다는 점이다. 온라인 마케팅으로 별다른 효과를 못 봤다는 사람들의 이야기를 가만히 들어보면 대부분 방식의 문제가 아니었다. 기껏해야 1~2주, 그나마도 하루걸러 하루 해보고는 효과가 없다고 접어버린 사람이 대부분이었다. 처음에는 영상 하나 올리는 것도 힘들고 번거로울지 모르지만, 익숙해지면 하나 올리는 데 30분도 걸리지 않고, 비용도 거의 들이지 않으면서 효과는 뛰어난 방법이니 반드시 꾸준히 해보길 바란다.

마케팅은 어렵고 복잡하게 보자면 가장 어렵고 한없이 복잡한 일일 수도 있다. 그렇다고 안 할 수는 없다. 오히려 제대로 해야 한다. 어디에, 어떻게 해야 하는지는 너무 광범위한 문제라서 담기 어려우니 직접 관심을 가지고 알아보는 수밖에 없다. 단, 시간이나 재주가 부족하다면 가장 잘할 수 있는 일에 집중하고, 마케팅은 전문가에게 의뢰하는 것도 좋다. 요즘은 크몽, 재능넷 등 '재능기부 사이트'에서 비교적 저렴하게 전문가의 도움을 받을 수 있다. 사진이나 영상도 이런 곳을 통해 촬영하면 확실히 다르다.

관심을 갖고 조금만 공부해보면 생각보다 훨씬 쉽고 빠르게 효과를 볼 수 있는 분야가 바로 마케팅임을 명심하고 하나씩 해보자.

# 4장
## 건물주 되기 위한 기본기

자영업자가 경쟁력 있는 콘텐츠를 갖추려면 기본이 중요하다는 것은 이미 수차례 강조했다. 미안하지만, 다시 한번 강조하겠다. 무엇을 하건 기본을 갖추는 것이 우선이다. 건물주가 되는 길에서도 마찬가지다. 그리고 건물주 되기의 가장 기본은 넉넉한 투자금이 아니다. 바로 '공부'다. 요즘은 좋은 책도 많이 나와 있고, 유튜브에서도 부동산 투자에 유용한 정보와 지식을 무료로 알려주는 채널이 많다. 더 정제된 고급 정보와 지식을 얻고 싶다면 유료 강의를 이용하는 것도 좋다. 어쨌든 공부를 해야만 시행착오를 줄이고 더 쉽게, 더 큰 성공을 누릴 수 있다. 부동산 투자에서 시행착오는 너무도 위험하다. 까딱 한 번의 실수로 그동안 모은 전 재산을 날리고 대출금이라는 빚더미에 깔려 허덕이게 될지도 모른다. 공부만이 그런 위험을 현저히 줄여준다.

위대한 지도자 링컨은 말했다.

"나무 한 그루를 베는 데 여섯 시간이 주어진다면, 나는 네 시간 동안 도끼날을 갈 것이다."

날이 무뎌진 도끼로 나무를 베려면 여섯 시간도 부족할 수 있다. 그러나 날카롭게 날을 벼린 도끼로는 한 시간, 어쩌면 30분 안에도 가능할지 모른다.

건물주가 되고 싶은가? 재주 누리는 곰처럼 남 좋은 일만 시키는 삶에서 벗어나 내가 낸 성과는 내가 갖는 '등가교환'의 삶을 누리고 싶은가? 그렇다면 건물주가 되기 위한 공부를 시작할 시간이다.

# 하려고 하면 보이고,
# 들으려 하면 들린다

자영업자의 부는 더하기로 늘지만, 건물주의 부는 곱하기로 커진다. 10을 가진 자영업자는 열심히 일해 10을 늘려 20을 만든다. 반면 같은 10을 가졌더라도 건물주는 그 10배인 100을 만든다. 이는 건물주가 되어봐야 알 수 있는 결과다.

누구나 건물주가 되고 싶어 하는 시대에 장사 좀 한다는 자영업자들은 어째서 건물주가 될 노력을 하지 않는 걸까? 나는 막연한 두려움과 현재의 안락함, 이 두 가지 때문이라고 본다. 무려 '건물'을 산다고 생각하면 수십억 원은 필요할 것 같고, 부동산 사기라도 당하면 괜히 빚만 생기는 건 아닐까? 장사만 해온 내가 할 수 있을까? 그런 막연한 두려움의 틈을 비집고 '안락함'이 들어와 포기하라고 부추긴다. 지금 먹고살 만한데 왜 위험한 시도를 하려 드느냐고 묻는다. 그래서 건물주가 되는 방법을 알아볼 생각조차 하지 않는다.

그러나 무엇이건 관심을 가져야만 해낼 수 있다. 보이지 않던 것도 관심을 가지면 보이고, 들으려 해야 들린다. 건물주가 되겠다는 결심을 굳히고 관심을 기울이는 것이야말로 자영업자가 건물주 되는 기본 중의 기본이다.

## 손님이 줄 서는 카페 사장이었던 그녀는 왜 건물주가 못 됐을까?

사업도 하고 유튜브도 하다 보니 간혹 이름난 사람들과도 만나게 될 때가 있다. 하루는 한때 누구나 알 만큼 유명했던 가수가 나를 찾아왔다. 그녀는 가로수길에서 잘나가는 브런치 가게를 운영하기도 했던 사람이다. 가수였던 만큼 매장에서 이벤트성 라이브라도 하면 경찰이 투입돼야 할 정도로 손님이 몰리던 가게였다. 그런 그녀도 결국 젠트리피케이션의 희생양이 됐다. 그녀 덕에 건물 가치가 10배가량 뛰자 월세 또한 터무니없게 오르면서 결국 그녀는 쫓겨나고 말았다.

"장사가 잘될 때 건물을 사버리지 그러셨어요?"

돌아올 대답을 뻔히 알면서도 그녀의 팬인 나는 안타까운 마음에 이렇게 물을 수밖에 없었다. 그녀의 대답은 예상대로 '그때는 미처 생각하지 못했다'는 것이었다. 오로지 어떻게 해야 장사를 더 잘할 수 있을지만을 생각했다는 것이다. 그리고 이야기의 끝 무렵, 그녀는 주의에 건물주 연예인이 그렇게 많은데 어째서 자신은 건물주가 될 생각을 하지 못했는지, 그게 너무도 한이 된다며 한숨을 쉬었다.

과거의 내 얘기이기도 했던 만큼 크게 공감했다. '건물주 되기'를 버킷리스트에 올려놓고도 나 역시 정확히 같은 이유로 15년이 걸렸기 때문이다. 버킷리스트라는 건 시한부 환자가 죽기 전에 이루고 싶은 소원에서 비롯된 말이다. 즉, 기한이 정해져 있다는 뜻이다. 그런데 우리는 버킷리스트를 정할 때 막연히 무얼 하고 싶은지만 생각하지, 이를 언제까지, 어떻게 이룰 것인지는 생각하지 않는다. 그래서 영원히 버킷리스트로만 남는 것이다. 나 역시 그랬다. 당장 장사에만 급급해 살다 보니 그 외의 것은 보이지 않았다. 그러다가 불과 5년 전에야 막연하고 근시안적인 사고에서 벗어나 건물주가 될 수 있었다.

내 사례로 보나 유명 가수였던 그녀의 사례로 보나, 진즉 레버리지를 활용해 건물주가 됐더라면 삶은 훨씬 좋은 방향으로 흘렀을 것이다. 그리고 그제야 나는 깨달았다. 사람들이 건물주가 되지 못하는 가장 큰 원인은 '환경'이라고 생각했는데, 그보다 더 큰 이유가 있다는 것을 말이다. 그건 바로 '관심'이다.

### 깨닫는 자만이 절박해진다

성공한 사람들에게는 공통점이 있다. 부모님이 돌아가시거나 가족이나 본인이 운영하던 회사가 망하는 등 충격적인 상황을 직면하고 깨달음을 얻었다는 것이다. 나에게는 건물주의 갑질에 시달린 순간, 나아가 내가 수년간 잠도 못 이루어가며 만들어낸 결과보다 그 건물의 가치가 압도적으로 크게 올랐다는 것을 깨달았던 순간이었다.

'난 왜 장사 하나에만 빠져서 살았을까? 좋아! 그럼 지금과 내 인생이 달라지려면 무엇을, 어떻게 해야 할까?'

나는 그 질문을 너무 늦게 던졌고, 10년을 넘게 돌아서 간 셈이다. 이런 질문은 스스로 던질 때 훨씬 적극적으로 답을 찾게 되고 실행으로까지 이어진다. 부모님이 백날 공부하라고 해도 안 하던 아이들도 하고 싶은 이유가 생기거나, 되고 싶은 직업이 생기면 치열하게 공부한다. 그 '순간'이 언제 오느냐, 이를 놓치지 않느냐의 차이일 뿐이다. 이는 '절박함'과도 관련이 있다.

고등학교를 중퇴하고 서울에서 온갖 '잡일'을 해가며 돈을 모으던 시기, 손님들 앞에서 사장에게 뺨을 맞고도 불평하는 대신 남들이 꺼리는 불판 닦는 일을 도맡아 했던 것이 바로 그런 절박함에서 나온 것이다. 나는 하고 싶은 것도, 이루고 싶은 것도 있었다. 남들보다 출발선이 한참 뒤처진 내가 이들을 따라잡고 끝내 앞지르려면 악착같이 버텨내야 했다. 포기는 습관이 되어 하나를 포기하면 다른 것도 포기하게 되기 때문이다. 전단지를 돌릴 때도, 소위 '삐끼'를 할 때도 '오늘 할당량을 못 채우면 나와 우리 엄마가 죽는다'는 생각으로 끝까지 해냈다. 그만큼 그 상황을 벗어나고 싶은 마음이 간절했고, 그 절박함이 나를 바꿨다. 이런 절박함이 있어야 게을러지지 않고 생각을 즉시 실행으로 옮길 수 있다.

**건물주로 가는 첫걸음 관심과 절박함**

 누군가가 시간과 돈을 쓰는 곳을 보면 그 사람의 관심사를 알 수 있다고 한다. 같은 시간과 돈으로 누군가는 책을 사고 강의를 듣는가 하면, 다른 누군가는 술을 마신다. 어디에 관심을 가지고 시간과 돈을 쏟느냐에 따라 삶이 달라진다. 술을 마시고 놀러 다니는 것도 적당히 한다면 나쁜 일이라고는 할 수 없다. 하지만 그것만으로 삶이 더 좋은 방향으로 바뀔 가능성은 거의 없다. 내가 이루고자 하는 것과 깊이 연관된 곳에 시간과 돈을 쏠수록 성공은 더 빨리, 더 크게 다가온다.

 이런 관심사는 시간이 지나면서 바뀌기도 한다. 앞서 말한 '성공한 사람들'처럼 충격적인 사건이나 계기가 없다면, 스스로 관심사를 바꿔야 한다. 만약 건물주가 되고 싶다면, 단순히 그들의 삶을 부러워하거나 막연히 꿈만 꿀 게 아니라, 그들은 어떤 삶을 사는지, 어떤 과정을 거쳐 그 자리에 올랐는지 살펴보는 것도 좋다. 성공하고 싶으면 만나는 사람부터 바꾸라는 말처럼, 이루고 싶은 것이 있다면 이미 이룬 사람들을 가까이서 지켜봐야 한다. 건물주들과 가깝게 지내지 못했던 것이 내가 건물주 되는 데 오랜 시간이 걸린 이유 중 하나였다. 장사하는 사람들만 만나 장사 이야기만 하다 보니 점점 더 건물주와는 멀어져간 것이다.

 불행인지 다행인지 나는 건물주의 갑질에 시달렸고, 건물 가치의 상승을 눈으로 목격했기 때문에 그때부터는 건물주가 되는 방법을 찾는 데 몰두하게 됐다. 이렇듯 관심이 생기면 호기심을 해결하고 욕구를 충족할 방법을 고민하게 된다. 나는 그런 고민의 결과로 책과 유료 강의라는 도구를 찾아냈다. 배움의 욕구가 커질수록 책을 사서 읽고 강의를 듣는 데 들어가는 시간과 돈이 커졌다. 그러면서도 전혀 아깝지 않았다.

그렇게 고민이 깊어지고 지식이 쌓이다 보면 나름의 인사이트가 생기고 분석을 하게 된다. 그전까지는 보고도 못 본 것들이 있다면, 이 인사이트를 통해서는 안 보이던 것도 보게 된다. 듣고도 몰랐던 것들도 이제 듣는 족족 훌륭한 정보와 지식이 된다. 전에는 건물을 보면 그냥 건물주를 부러워하는 데 그쳤다면, 이후로는 이 건물의 현재 가치는 어느 정도인지, 어느 업종이 들어오면 더 가치가 오를 것인지, 내가 여기서 장사한다면 얼마나 잘할 수 있을지, 이런 건물을 사는 데 필요한 최소한의 돈은 어느 정도인지를 생각하고 찾아보게 된다. 근처에 아파트가 들어설 예정이라는 소식을 접하면 예전에는 내 장사에 어떤 영향을 미칠지만 생각했다면, 이제 건물의 가치가 어떻게 바뀔지를 생각하게 된다. 나는 이런 현상을 가리켜 "하려 하면 보이고, 들으려 하면 들린다"고 말한다. 관심을 가져야 안 보이고 안 들리던 것을 보고 들을 수 있고, 절박함으로 고민하고 공부해야 인사이트가 생기는 것이다.

### 실행을 부르는 why

모든 것은 결국 실행해야만 결과가 나온다. 제아무리 좋은 건물을 찾아냈고 싸게 살 방법을 알아냈다 해도 실행하지 않으면 그 건물은 다른 사람 손에 들어간다. 그래서 나는 건물이 거래되기 전에 매도인에게 계좌 받을 때가 제일 행복했다. 큰돈이 들어가는 일이니 두려움에 주저하는 심정은 이해가 간다. 나 역시 그랬다. 시행착오도 겪어봤다. 대신 실수와 실패에서 배움을 얻고 차후 똑같은 실수를 반복하지 않았다. 그거면 된다. 애초에 시도하지 않으면 볼 수 없는 것이 있기 때문이다.

보통 사람들은 살면서 건물주가 될 수 있다고 교육받기는커녕 건물주가 되어야 한다는 교육도 받지 않는다. 교육을 받아도 모두가 건물주가 되지는 못할 것이다. 건물주가 되느냐 못 되느냐는 얼마나 치열하게 준비하고 얼마나 끈기 있게 밀어붙이느냐에서 갈린다. 실행은 절박함에서 나오고, 절박함은 'why'에서 나온다. 왜 나는 건물주가 되어야 하는가? 이 질문에 명확한 답을 할 수 있느냐 없느냐가 관건이다.

무슨 일을 하든 'Why?'라는 질문이 습관화되어 있어야 한다.

"나는 이 일을 왜 하는 거지? 이 일을 하지 않으면 나에게는 무슨 일이 일어날까?"

이어서 "나는 이 일을 통해 누구에게 어떤 가치를 주려는 것인가?"라는 질문에도 답을 할 수 있어야만 그 일을 포기하지 않고 끝까지 해낼 수 있다.

좋은 질문에 좋은 답이 나오는 법이다. 우울증 환자들은 질문법이 달라서 죽는다고 한다. 대부분 자기 안에 속박되어 있으니 "나는 왜 이렇게 살지?", "나는 안 되지?"에서 "난 안 돼"로 가는 것이다. 긍정적인 사람은 반대로 생각한다. "어떻게 하면 잘살 수 있을까?"라는 질문에서 시작해 끊임없이 why로 파고든다.

다만, 그런 질문의 끝에 나오는 답이 '돈'이라면 곤란하다. 그랬다가는 돈이 나를 지배해버린다. 신념과 철학이 없으니 조금만 힘들어도 방법을 찾아내기보다는 포기해버린다.

내가 사업만으로도 정신이 없는 와중에 책을 쓰고 유튜브를 해낼 수 있는 것도 그렇다. '돈' 때문이 아니라 남의 배만 불려주는 재주 부리는 곰 같은, 예전의 나와 같은 자영업자들이 노력한 만큼 성과를 거두게 만들겠다는 꿈이 있었기에 포기하지 않고 해냈다.

스스로 묻고 답을 찾아보자. 당신은 건물주가 되어야 할 확실한 이유가 있는가?

## 건물주가 되려면
## 책부터 읽어야 한다

　우리나라는 독서와 거리가 먼 나라가 되어버렸다. 1인당 연간 독서량이 한 권 미만으로 떨어진 것도 오래전이다. 독서 외에도 할 수 있는 재미있는 일이 너무도 많아지면서 사람들이 책과 거리를 두는 현상은 가속화되고 있다.

　그러나 나는 여전히 책의 힘을 믿는다. 책은 가장 싸고, 쉽게 구할 수 있는 만병통치약, 게임으로 치면 '치트키' 같은 것이다. 우리가 만 원짜리 한두 장으로 쉽게 살 수 있는 책 한 권에는 그 분야 전문가의 수십 년 노하우가 담겨 있다. 어지간한 강의가 수십만 원이라는 점을 감안하면, 독서보다 가성비 좋은 공부법도 없다. 그리고 책은 실제로 사람들의 삶을 바꾸기도 한다. 무의미하게 하루하루 견뎌내다가 오래지 않아 죽게 될 거라는 막연한 불안함에 떨던 열여덟 살 희소병 소년이 우연히 들른 헌책방에서 한 권의 책을 만나 불과 20여 년 만에 지금 이렇게 누군가에게 도움을 줄 수 있는 사람이 된 것처럼……

### 어느 날, 책이 나에게 말을 걸었다

이미 이야기했듯이, 고등학교 2학년 어느 날, 나는 삶에서도, 학교생활에서도 의미를 찾지 못해 학교를 '땡땡이'치고 방황하다가 우연히 들른 허름한 헌책방에서 헬렌 켈러의 책을 보았다. 그때 받은 충격은 나의 짧은 언어로는 반의 반도 표현하지 못할 정도였다. 자기 발가락의 티는 하나가 다른 사람의 골절보다도 훨씬 아프게 느껴지는 게 사람이다. 그래서 사람들은 서로 자기가 더 힘들다고 경쟁이라도 하듯 이야기하곤 한다.

나 역시 그랬다. 평생을 불쌍하다는 듯한 눈으로 보는 사람들에 둘러싸여 살았으니, 나는 세상에서 내가 가장 불행하다 여겼다. 불행이나 불운 대회가 있다면 세계 챔피언은 몰라도 국가대표는 될 수 있을 거라고 우스갯소리처럼 이야기하기도 했다. 그런 '주제에' 뭘 할 수 있겠느냐고, 그저 하루하루 숨 붙어있는 게 다행이라고 여기며 살기도 했다. 그러나 나보다 불운했으면 불운했지 결코 나을 게 없었던 한 사람이 그야말로 '위인전 속 인물'이 되었다. 아침에 눈뜰 때부터 밤에 잠들 때까지 세상을 원망하고 저주하기만 했던 나와는 전혀 달랐다.

"호동아, 세상에는 너보다 상황이 더 안 좋은 사람도 많단다. 나를 보렴. 하지만 사람은 누구나 살아갈 가치가 있어. 그걸 증명해야 하는 건 자기 자신

뿐이야. 불평만을 늘어놓는 삶과 자신을 증명하는 삶. 너는 어떤 삶을 택하겠니?"

남들은 정신착란이라고 할지도 모르지만 분명 생생하게 헬렌 켈러의 목소리를 들은 그날 이후, 나는 학교 대신 헌책방에 출석 도장을 찍다시피 줄기차게 드나들었다. 보통은 누군가가 나를 불쌍하다는 듯 쳐다보면 위축되기도 하고 한편으로는 자존심이 상해서 삐뚤어진 생각도 들었지만, 그 기간만큼은 헌책방 할아버지가 나를 불쌍히 여겨 주는 게 참으로 고마웠다. 단 한 번도 돈 내고 사서 보라거나, 안 살 거면 나가라고 내쫓지 않았으니까.

그때까지 흘러가는 대로, 죽지 못해 살아가던 내가, 어쩌면 처음으로 '내 의지'로 시작한 독서는 나를 송두리째 바꿔놓았다. 그전까지 나는 궁금한 것도, 하고 싶은 일도 없었다. 되고 싶은 것은 더욱이 없었다. 그러나 헬렌 켈러 책을 읽고 난 후로 다른 사람들은 어떻게 사는지 궁금해졌다. 그리고 이내 부끄러워졌다. 난 내 처지가 바닥인 줄만 알았는데 나보다 더 바닥에서 시작한 사람도 셀 수 없이 많았다. 세상을 저주하고 날 이렇게 낳은 부모님을 원망하는 일도 잦았던 나와 달리 그들은 '달라지겠다'는 생각으로 미래를 스스로 개척했다.

'좀 더 일찍 이런 책들을 봤다면 내 인생도 지금과 달랐을까?'

그런 의문이 드는 순간, 또다시 머릿속에서 누군가가 대답했다. 아직 늦지 않았다고, 지금부터라도 네가 원하는 삶을 살 수 있다고…….

그날 이후, 약 25년간 읽은 책이 아마도 2천 권은 될 것이다. 무언가 새로운 일을 시작할 때, 당장 무엇을 해야 할지 알 수 없을 때, 나는 그 분야의 책부터 찾는다. 나에게는 책이 구명줄이자 설리번 선생님이니까.

### 책이 나를 건물주로 만들었다

"진짜 더러워서 못 해 먹겠네. 아니꼬워서라도 내가 건물주 되고 만다!"

임차인으로서 슬한 갑질을 당하다 보니 이런 말을 입에 달고 살게 됐다. 그러고서도 정작 '결심'을 하게 된 것은 꽤 오랜 시간이 지난 후였다. 건물은 돈 많은 사람만 살 수 있는 거고 건물 투자는 너무 위험하다고 생각했으니까. 인내심이 바닥난 후에야 결심이 섰고, 내가 가장 먼저 한 일은 책을 찾는 것이었다. 그게 내가 아는 방법 중 삶을 바꾸는 가장 확실한 길이었으니까.

부동산 관련한 책이라면 폭넓게 읽었다. 단순히 투자를 어떻게 해야 하는지가 아니라 건축부터 시공, 인테리어 책까지 닥치는 대로 봤다. 단순히 건물만 공부해서 되는 게 아니라 땅도 알고 은행도 알아야 건물주가 될 수 있음을 알게 됐기 때문이다. 그전에는 용어만 들어도 지루하고 졸렸을 책들인데도 내가 절박하니까, 관심이 생기고 나니까 만화보다도 재미있었다. 처음에는 전혀 다른 이야기를 하는 것 같은 책들도 여러 권 읽다 보니 연결되는 것들이 많았고, 그런 게 눈에 보이면서 더욱 재미있어졌다.

그렇게 수많은 책을 읽은 후, 나는 생각했다.

"뭐야, 레버리지라는 걸 이용하면 이렇게 적은 돈으로도 건물주가 될 수 있는 거였어?"

이런 사실을 이제야 알았다니, 허탈하기도 했고 화도 났다. 진즉 알았더라면 그런 온갖 갑질에 시달리지 않고 내 건물에서 맘 편히 장사할 수 있었을 테니까. 그보다 더욱 화가 나는 건, 아무도 내게 이런 사실을 알려주지 않았다는 것이다. 누군가는 일찌감치 이런 방법을 알고 시도해서 부자가 된 것 아닌가!

따지고 보면 당연한 일이다. 세상 어떤 좋은 정보도 누가 먼저 나서서 알려주지는 않는다. 사회는 학교가 아니다. 무엇을, 어디서부터 얼마나, 어떻게 공부해야 할지도 스스로 결정해야 한다. 그리고 나는 내가 원하는 것 대부분을 책으로 배울 수 있었다. 나머지는 경험, 즉 실행의 몫이다.

## 가난한 집 아이가 더 가난해지는 진짜 이유

"흙수저 물고 태어났으면 이렇게 사는 거지 별수 있나요?"

아르바이트하던 학생이 이렇게 말했을 때, 난 충격을 받았다. 나 역시 어렸을 때는 '가난한 집 아이들은 평생 가난하게 살 수밖에 없다'고 생각하던 시절이 있었다. 지금은 그렇지 않다는 것도, 삶을 개척하는 방법도 알지만, 어릴 때는 그런 생각을 할 수 없었다. 생각해보면 가난을 딛고 자수성가한 사람은 많지 않다. 부자 대부분은 부를 대물림했다. 반대로 말하자면, 가난한 사람 대부분은 가난을 대물림한 셈이다.

왜 이런 일이 반복되는 걸까? 나는 부잣집 아이는 더 부자가 되고 가난한 집 아이들은 더욱 가난해지는 이유가 크게 세 가지라고 본다.

첫째, 배움에 차이가 있다. 어느 부자가 말했다. 가난한 애들이 더 가난해지는 이유는 무엇을, 어떻게 배우느냐의 차이라고. 가수가 되고 싶은 두 아이가 있다고 해보자. 부잣집 아이는 가수가 되고 싶으면 비싼 보컬 트레이닝을 받고 조언을 들으며 음악을 정식으로 배운다. 좋은 스승에게서 직접 배우니 시행착오도 줄이고 빠르게 준비를 마칠 수 있다. 반면 가난한 집 아이는 혼자 연습하고 준비할 수밖에 없다.

둘째, 시간을 사용하는 곳이 다르다. 부자는 자신이 쓰고 싶은 곳에 시간을 쓸 수 있는 반면, 가난한 사람은 먹고사는 일에 많은 시간을 쓰게 된다. 두 아이 이야기로 돌아가 보면, 학교가 끝나면 부잣집 아이는 바로 트레이닝을 받으러 가지만, 가난한 아이는 그 시간에 편의점 아르바이트를 한다. 시간이 흐를수록 격차는 벌어진다.

셋째, 마음가짐이 다르다. 부자가 되고 싶은 열망도, 노력의 크기도 사람마다 다르지만, 누구나 부자가 되고 싶어 하고 나름의 노력도 한다. 끝내 부자가 되는 사람은 어지간한 어려움 앞에서도 포기하지 않는다. 그러나 '가난 DNA'가 새겨진 사람들은 작은 어려움에도 크게 휘청이고, 조금만 큰 위기가 찾아오면 숨거나 포기해버린다. 가수가 되고 싶었던 가난한 집 아이는 학교를 마치자마자 편의점 아르바이트를 하다가, 몇 개월 어쩌면 1년쯤 후 폐기처분한 삼각김밥을 먹으며 생각할지도 모른다.

'내 주제에 가수는 무슨……'

처음 상경해 영등포 고깃집에서 하루에 200~300장씩 불판을 닦던 어느 날, 같이 일하는 형에게 물었다.

"형, 내가 이렇게 설거지하려고 태어난 건 아닐 텐데, 어떻게 해야 부자가 될 수 있을까?"

형이 말했다.

"시끄러워. 그걸 알면 내가 이러고 있겠냐? 너나 나나 평생 설거지나 하다가 죽겠지."

지금은 그 형의 소식을 알지 못하지만, 아마도 부자가 되지는 못했을 것이다. 어쨌든, 나는 그의 말에 동의하지 않았다. 내 손으로 부자가 되어 보이겠다는 각오가 단단히 서 있던 때였으니까. 다만 그 방법을 알지 못해 헤매는 중이었는데, 그때 나를 건져 올린 것이 책이다. 나는 책을 통해 부자들의 마음가짐을 배웠고, 부자가 될 의지를 다졌으며, 부자 되는 방법을 알았다.

그러나 책을 읽기만 해서는 부자가 될 수는 없다. 책은 읽으라고 만든 게 아니라 '읽고 실천하라고' 만든 것이다. 보통은 이를 잊는다. 나는 가진 것도, 믿을 것도, 할 수 있는 것도 없었기에 책에서 하라는 대로 했다. 아무것도 모르고 혼자 하는 것보다야 성공했다는 사람들 말을 따라 해보는 편이 나을 테니까. 그래서 저자가 하라는 대로 따라 했다. 지금의 모든 것은 그 결과물이다. 누구 못지않게 열악한 상황에서도 어떻게 여기까지 올 수 있었느냐고? 그저 책을 보고 실행한 것뿐이다. 그게 성공을 가져다줄 거라는 확신 같은 것은 나에게도 없었다. 그러나 책을 불신하고 아무것도 시도하지 않는 것보다는 시키는 대로 하는 편이 무조건 낫다. 주위에서 부동산 책을 100권 넘게 읽었다는 사람도 있는데, 그는 몇 년째 투자를 망설이고 있다. 아마 3년쯤 후에 그는 부동산 책을 200권쯤 읽었을 것이고, 여전히 망설이고 있으리라.

기억하자. 부자들처럼 돈을 들여 비싼 선생님을 도실 수 없다면, 우리에게 남은 무기는 훨씬 가성비 좋은 선생님이 되어줄 책과 독서, 남들보다 몇 배는 열심히 하겠다는 의지와 성실함, 무엇보다도 '실천력'이다. 그것만이 우리를 원하는 삶으로 이끌어줄 수 있다.

# 생각은 짧게
# 실행은 빠르게

"생각은 짧게, 실행은 빠르게."

내가 좋아하고 강조하는 말이다. 금수저를 가지고 태어나지 못한 우리가 격차를 줄일 유일한 방법은 끊임없는 공부와 실행이다. 생각만 하는 사람도, 실행만 하는 사람도 성공하지 못한다. 어느 정도 공부가 됐다면 실행에 옮기고 시행착오도 겪어가며 사람은 성장한다. 생각이 많아지면 머뭇거림이 길어지고, 그만큼 남들과의 거리는 벌어진다.

착각하지 말자. '생각은 짧게'라는 말이 준비 없이 실행부터 하라는 뜻은 결코 아니다. 불안함을 못 이겨 '준비만' 해서는 안 된다는 말이다. 준비는 충분히 해야 하지만, 준비만 하다가 기회를 놓쳐버리는 사람이 많다. 그러나 '완벽한' 준비란 불가능하다. 생각해보자. 지금까지 일말의 의심도 들지 않을 만큼 완벽하게 준비하고 무언가를 시작한 일이 한 번이라도 있었는가. 구르고 깨져가며 배우는 과정은 덤수다. 건물주가 되는 과정에서 나 역시 생각지도 못한 위기를 겪기도 했다. 그러나 결국 잘 해결했다. 시도하지 않았다면 그런 문제가 일어날 수 있다는 사실조차 몰랐을 것이다. 주위에 건물주가 되고 싶다는 자영업자는 많지만, 실제로 된 사람은 드물다. 대부분은 준비가 부족해서가 아니라 '정말 해도 될까?' 하는 의심에 생각만 많아져서 '실행'하지 않았기 때문이다.

### 운을 끌어오는 직관, 직관을 만들어내는 실행

"생각을 실행하는 남자, 강호동입니다."

유튜브 영상에서, 강연장이나 강의장에서, 언론 인터뷰 자리에서, 나는 자기소개를 이렇게 한다.

돌이켜보면 내가 지금 이룬 모든 것은 그야말로 실행의 결과다. 혈우병 때문에 결석이 너무 잦다 보니 학교는 내게 의미가 없었다. 그런 생각이 들자 곧장 자퇴하고 단돈 5만 원만 들고 서울로 올라왔다. 내 가게를 차리려면 장사 경험도 쌓고 돈도 모아야 했기에 두 가지를 충족할 수 있는 일이라면 길게 생각하지 않고 닥치는 대로 했다. 처음 내 가게를 열 때도 '돈 더 모아서 목 좋은 곳에서 해야 하지 않겠냐'는 주위 사람들의 만류에도 불구하고 최소한의 자금이 모이자마자 광주에서 장사를 시작했다. 디저트 카페 시장은 이제 늦었다는 말이 많았지만, 기회가 있다고 생각한 나는 곧장 사업에 뛰어들었다.

당시 내가 가진 돈이면 건물주가 되는 데 충분하고 방법도 의외로 어렵지 않음을 알자마자 마음에 드는 건물을 찾아다녔다.

'나처럼 몸도 약하고 별다른 재주도 없는 사람이 학교까지 자퇴하면 할 수 있는 일이 있긴 할까? 그만둘 거라면 철저히 조사해서 할 만한 일을 알아두고 나서 자퇴하자.'

'난 몸도 약한데 최대한 덜 힘든 일을 해야 하지 않을까? 그리고 이런 아르바이트는 해봐야 돈도 얼마 안 되는데, 이렇게 해서 내 가게 차릴 돈을 모을 수 있을까? 돈 더 주는 일을 찾아보자.'

'디저트 카페는 경쟁이 심한데 내가 빈틈을 비집고 들어갈 수 있을까? 그냥 하던 대로 맥줏집이나 다시 차리는 게 나을지도 몰라.'

'건물 사는 데 생각보다는 돈이 적게 들지만, 그래도 대출을 받아야 하는데 위험하지 않을까? 지금 먹고살 만한데 굳이 빚까지 져가면서 건물을 사야 하나?'

이런 생각들에 발목을 잡혔다면 시작조차 하지 못했을 것이다.

"일단 실행했다고? 그럼 그냥 운 좋게 성공한 거 아냐?"

이런 식의 날 선 항의를 받기도 한다. 제대로 준비됐는지 아닌지도 모르면서 일단 실행하고도 성공을 거뒀다면 운이 좋았던 것 아니냐는 지적이다. 흔히 '운칠기삼運七技三'이라고 한다. '운이 7할, 기술과 능력은 3할'이라는 말로, 모든 일의 성공은 능력보다 운에 달려 있다는 의미다.

완전히 틀린 말은 아니다. 성공한 사람은 대부분 자신은 운이 좋았다고 말한다. 그러나 완전히 맞는 말도 아니다. 운은 누구에게나 찾아올 수 있지만, 그 운을 자기 것으로 만들어내는 사람은 드물다. 운을 놓치지 않고 붙잡는 능력을 '직관'이라고 한다. 직관이 없는 사람은 직관이 뛰어난 사람의 성공을 순전히 운이었다고 여긴다. 이는 편협한 생각이다. 내 눈에 보이지 않았다고 해서 다른 사람 눈에도 보이지 않는 것은 아니다. 준비된 사람, 관심을 가지고 항상 매의 눈으로 관찰하는 사람은 보이는 기회도 많다.

예전부터 자주 받았던 질문들이 있다. 예전에는 "어떻게 그 아이템으로 장사할 생각을 하셨어요?"였다면, 최근에는 "어떻게 그 건물을 살 생각을 하셨어요?"다. 그럴 만도 하다. 모두가 만류했던 디저트 카페로도 성공했고, 상권이라고는 조금도 형성되지 않았던 지역에서 브런치 카페를 열어 지금의 라라브레드를 만들었으니, 아무것도 모르고 보면 운이 좋았거나 마치 신내림이라도 받은 것처럼 보일 수도 있다. 그러나 직관이 발달하면 남들이 보지 못하는 곳에서 기회를 볼 수 있게 된다. 실제로 지나가다가 우연히 발견한 건물을 일단 산 후에 그곳에 라라브레드 매장을 열어 성공한 곳도 있다. 카페를 열기는커녕 그냥 주택으로서도 큰 가치가 없어 보여 누구도 관심을 주지 않았던 곳에서 나는 '직관적으로' 기회를 본 것이다.

이런 직관은 어떻게 키울 수 있을까? 『관점을 디자인하라』박용후 저 | 쌤앤파커스 | 2018.10에서는 "뛰어난 직관은 경험과 체험에서 나온다"고 주장한다. 실제로 나

의 직관을 키운 것은 공부를 바탕으로 한 실행이었다. 경험이란 실행을 통해 쌓인다. 아무것도 하지 않으면 아무 일도 일어나지 않는다. 요즘 같은 경쟁 시대에 나 혼자 제자리에 있으면 결국 뒤처지는 꼴이 된다.

자, 어떤가. 이래도 실행 앞에서 머뭇거리기만 할 것인가? 명심하자. 네 시간 동안 도끼날을 갈았다면, 이제 도끼질을 할 시간이다.

## 레버리지 서클 실전노트③
# 건물주 되고 싶은 사람의 필독서

혈우병 때문에 학교에 거의 나가지도 못하고 그나마도 고등학교 중퇴를 한 내가 무언가 이루어낸 것이 있다면 그 대부분은 책에서 배웠다고 해도 과언이 아니다. 세상에서 내가 제일 불행하다는 착각에 빠져 자포자기하던 고등학생에게 삶의 원동력을 준 것도, 노숙과 온갖 잡일만 하던 고등학교 중퇴자를 어엿한 사업가로 바꿔준 것도, 만년 임차인이었던 장사꾼을 건물주로 만들어준 것도 모두 책이었다. 지금껏 읽어서 손해 본 책은 없었다. 그러나 세상에는 너무 많은 책이 있는 반면 우리의 시간은 한정돼 있으니 모든 책을 읽을 수는 없다. 여기서는 내가 인간으로서, 자영업자로서, 건물주로서 큰 도움을 받은 책들을 공유할 테니, 가능하면 이 책들만이라도 읽어보기를 권한다.

## 삶의 자세와 방향을 잡아준 책들

『생각의 비밀』 김승호 저 | 황금사자 | 2015.09

사업자들의 멘토이자 '김밥 파는 CEO'로 알려진 김승호 대표의 책. 실패 앞에서도 좌절하지 않고 끝내 성공을 이루어낸 의지도 놀랍지만, 대표 자신만이 아니라 모든 직원의 행복을 꿈꾸는 철학에 더욱 감탄하게 된다.

『나를 변화시키는 좋은 습관』 한창욱 저 | 다연 | 2021.05

성공이란 하늘에서 뚝 떨어지는 것처럼 하루아침에, 운명적인 사건으로 만들어지는 것이 아니라 일상의 작은 습관과 태도가 쌓이고 쌓여 만들어내는 것임을 잘 보여주는 책이다.

『스무 살에 알았더라면 좋았을 것들』 티나 실리그 저 | 이수경 역 | 웅진지식하우스 | 2020.02

스탠퍼드 대학에서 최고의 인기를 누린 강의를 바탕으로 쓴, 열정과 도전 정신을 되살리는 책. 제목만 보면 영양가 없이 낭비한 젊은 시절을 후회하는 것으로 오해할지 모르나, '지금이라도 스무 살과 같은 도전 정신으로 혁신하고 삶을 바꿀 수 있다'고 강변한다.

『손자병법』

고전이 고전으로 인정받는 데는 이유가 있다. 삶에서, 인간관계에서, 사업에서, 투자에서 그리고 모든 도전 앞에서 내가 내리는 모든 선택의 밑바탕에는 『손자병법』의 전략이 담겨 있다고 해도 무리가 아니다.

『생각의 탄생』 로버트 루드번스타인·미셸 루드번스타인 저 | 박종성 역 | 에코의서재 | 2007.05

AI가 인간을 대체하는 시대라지만, '창조'의 영역만큼은 여전히 인간이 우위에 있다. 그런 '창조성'은 어떻게 일깨울 수 있는지를 과거의 수많은 천재로부터 통찰해낸 책이다. 450쪽이 넘는 분량이지만, 읽을 가치가 충분하다.

『세이노의 가르침』 세이노 저 | 데이원 | 2023.03

자수성가한 부자로서 온라인상에서 수많은 사람의 멘토가 되어주었던 '세이노sayno'의 조언들은 당신이 어디에서 무슨 일에 종사하건 큰 울림을 줄 것이다.

『생산적 책읽기 50』 안상현 저 | 북포스 | 2005.03

누구나 독서의 중요성을 강조하지만, 아이러니하게도 '어떻게' 읽어야 하는지는 잘 알려주지 않는다. 책을 더욱 효과적이고 효율적으로 읽는 방법부터 피해야 할 독서법, 나아가 책을 고르고 삶에 적용하는 방법까지 알려주는 책이다.

## 자영업자로서 한 걸음 성장시켜준 책들

『권도균의 스타트업 경영 수업』 권도균 저 | 위즈덤하우스 | 2015.08

성공한 CEO이자 유명한 엔젤투자자인 권도균 대표가 분석한 '한국에서 성공하는 스타트업 경영 바이블'이라 할 수 있다. 비단 스타트업이 아니라 하더라도 권도균 대표가 말하는 업의 본질을 꿰뚫는 통찰은 모든 자영업자가 주목할 만하다.

『모든 비즈니스는 브랜딩이다』 홍성태 저 | 쌤앤파커스 | 2012.07

거의 모든 제품과 서비스의 품질이 상향평준화되면서 마케팅이 중요해지고 있다. 특히 고객에게 어떻게 인식되느냐, 즉 브랜딩을 이해해야만 이 치열한 경쟁에서 살아남을 수 있다. 브랜딩은 무엇이며 어떻게 할 수 있는지 알고 싶다면 반드시 읽어보자.

『왜 일하는가』 이나모리 가즈오 저 | 김윤경 역 | 다산북스 | 2021.04

이나모리 가즈오 교세라 회장은 수많은 경영자가 멘토로 삼을 만큼 뛰어난 경영자이자 경영철학자였다. 그의 수많은 책 중 단 하나를 고르라면 이 책을 택할 것이다. 당신이 어떤 일을 하건 '왜' 그 일을 하는지, 앞으로 '무엇'이 되기를 바라는지 깊게 생각하게 만들어줄 책이다.

『오래가는 것들의 비밀』 이랑주 저 | 지와인 | 2019.05

이제 '비주얼'이 곧 '본질'이라 해도 크게 틀린 말은 아니다. 타르타르와 라라브레드가 성공한 비결 중에서도 '비주얼'은 큰 비중을 차지한다. 40개 나라, 200개 기업, 1000개 가게의 사례에서 통찰해낸 '비주얼 전략'은 모든 자영업자가 배울 만하다.

『역설계』 론 프리드던 저 | 이수경 역 | 어크로스 | 2022.09

성공에 이르는 가장 빠르고 안전한 길은 무엇일까? 사실 간단하다. 그 분야에서 이미 성공한 사람들의 성공 비결을 배우는 것이다. 단, 그저 막연히 따라 하기만 해서는 성공할 수 없다. 체계적으로 분석하고 통찰해내야만 한다. 바로 그 방법을 알려주는 책이다.

## 나를 건물주로 만들어준 책들

『부자 아빠 가난한 아빠』 로버트 기요사키 저 | 안진환 역 | 민음인 | 2018.02

장사만 하던 내게 투자의 중요성을 일깨워준 책. 건물주가 되고 싶으면서도 막상 '지금도 먹고살 만한데 왜 위험을 감수해야 하지?'라는 생각이 든다면 반드시 이 책을 읽어보길 권한다.

『레버리지』 롭 무어 저 | 김유미 역 | 다산북스 | 2023.02

사업도 투자도 레버리지 없이는 이루어지지 않는다. 이를 인식하고 적극적으로 활용하느냐 아니냐에 따라 성과는 천차만별이다. 레버리지의 본질은 무엇인지, 어떻게 활용할 수 있는지를 철저히 분석한 책이니, 건물주가 되고 싶다면 꼭 일독을 권한다.

『꼬마빌딩 건축 실전 교과서』 김주창 저 | 보누스 | 2021.03

건물을 사서 그대로 쓸 수도 있지만, 적은 비용으로 건물주가 되려면 저렴하고 저평가된 건물을 사서 신축해야 할지도 모른다. 그 과정에서 알아야 할 거의 모든 것이 담긴 책이다.

『돈 버는 꼬마빌딩은 무엇이 다른가』 강민성 저 | 매일경제신문사 | 2018.10

자영업자가 건물을 고를 때 가장 중요한 기준은 '내가 들어가서 장사를 잘할 수 있는가' 여부겠지만, 그에 못지않게 건물 자체의 가치도 중요하다. 또한, 건물을 공실 없이 잘 운영할 줄 알면 큰 도움이 되는데, 그 노하우를 엿볼 수 있는 책이다.

# LEVERAGE
# CIRCLE

# 3부

# 레버리지 서클이 당신을 건물주로 만든다

# 5장

# 자영업자를 위한 입지는 따로 있다

장사도, 건물 가치도 '입지'가 전부라고들 한다. 그런 믿음 때문인지, 장사하고 싶은 사람이건 건물주 되고 싶은 사람이건, 내게 가장 먼저 하는 질문은 거의 똑같다.

"고깃집 하려고 하는데 어디에 열어야 할까요?"
"고깃집하고 있는데, 건물 사서 장사하려면 어디에 사는 게 좋을까요?"

경험상 말하건대, 이런 질문은 별 의미가 없다. 입지는 분명 중요한 요소이긴 하지만, 절대적인 요소는 아니기 때문이다. 조금 더 정확히 말하자면, '자영업자'로서 건물주가 될 때는 '입지'의 조건이 다르다. 물론 목 좋은 곳이 유리하긴 하지만, 절대적이지는 않다. 광주에서 첫 장사를 시작한 순간부터 라라브레드까지, 나는 매번 이를 증명해왔다. 어떤 장사를 할 것인지를 정했다면 '어디서' 하느냐보다는 '누가 어떻게' 하느냐가 중요하다. 같은 곳에서 같은 업종으로 장사해도 상품의 질부터 마인드와 영업 방식, 서비스와 마케팅까지 모든 것이 다를 수밖에 없는데, 요즘은 품질과 서비스만 좋다면 멀리서도 찾아오는 시대이기 때문이다.

이제 자영업자로서 최적의 입지를 찾는 방법을 알아보자.

# 자영업자가 건물주 되는
# 5단계 로드맵

"부동산 초보도 1년 만에 건물주 될 수 있습니다."

이렇게 말한다면 믿기 힘들겠지만, 충분히 가능하다. 심지어 더 짧은 기간에도 될 수 있다. 그 기간은 얼마나 공부를 했느냐, 얼마나 전략적으로 접근하며 또 얼마나 몰입하느냐에 따라 줄어들 수도, 늘어날 수도 있다.

충분한 공부가 되어 있고 기본적인 자금이 있다면, 건물주가 되는 방법은 크게 5단계 로드맵만 따르면 된다. 1단계는 기초공부 단계다. 전체 흐름을 파악하고, 중요한 키워드를 살펴보는 과정이다. 다음으로, 2단계는 심화공부 단계다. 책이나 온라인에서 얻을 수 있는 정보와 직접 사람들을 만나고 상권을 파악하고 건물을 살펴보면서 구할 수 있는 정보는 다르다. 바로 이런 정보들을 얻는 단계다. 1단계와 2단계를 병행하면서 자신에게 맞는 건물의 기준을 만들어야 한다. 3단계는 앞서 세운 기준에 맞는 건물을 찾고 조사하는 '손품과 발품' 단계다. 이때의 정보가 정확해야 손해 보지 않고 좋은 건물을 살 수 있다. 4단계는 수지분석 단계다. 수지분석은 이름 그대로 '이 건물을 사는 데 얼마의 비용이 들고 이후 어느 정도의 이득을 볼 수 있는가'를 분석해보는 것이다. 사업에서의 수익성 예측보다 정확도가 훨씬 뛰어나므로 이 분석 결과에 따라 건물주가 될 것인지를 결정하면 된다. 마지막으로 5단계는 실제 건물주가 되는 '건물 매입'이다. 이 5단계 하나하나를 충실히 따른다면 건물주가 되는 일도 꿈이 아니다.

### 1단계: 기초 공부

무슨 일을 하든 최소한의 공부는 필요하다. 가장 기본적인 공부는 책을 읽는 것이다. 부동산 공부도 책부터 읽어볼 것을 권한다. 부동산 용어조차 익숙하지 않은 사람이라면 입문서부터 읽어보기를 권하고, 이후 건물주가 되는 데 좀 더 직접적인 지식과 정보를 다루는 책을 읽는 것이 좋다. 일단 꼬마빌딩이나 건물 관련 책을 최소 다섯 권 이상 읽어야 한다. 영상도 함께 보면 좋다.

책을 골라달라는 사람이 많은데, 책 한 권 고르는 것도 능력이다. 게다가 각자에게 맞는 책이 다 다르니 내가 골라줄 수도 없다. 가능하면 서점에 직접 가서 관련 책 여러 권을 훑어보고 가장 이해하기 쉬운 책부터 접하기를 권한다. 도저히 어떻게 골라야 할지 모르겠으면 인터넷 서점에서 '꼬마빌딩'으로 검색하여 판매나 인기 순위가 높은 것들부터 봐도 좋다. 부동산이나 건물주 커뮤니티에서 추천하는 책을 읽어도 된다. 관련 책들의 독자 리뷰를 살펴보고 정해도 좋다. 어쨌든 최소한 다섯 권이라는 기준은 지켜야 한다. 간혹 딱 한 권 읽어놓고 모든 것을 안다고 착각하는 사람이 있는데, 정말 위험한 일이다. 한 권도 읽지 않은 것 못지않게 위험하다. 책은 대부분 좋은 정보를 많이 담고 있지만, 개중에는 자기 자랑만 하다가 끝나는 것도 있고, 정보가 부족한 책도 있다. 반면 그런 책 서너 권을 합친 것보다도 알찬 내용으로 잘 정리한 책도 있다. 그냥 훑어보기만 해서는 이런 차이를 알기 어렵다. 또한, 비슷한 내용도 많지만, 서로 보완할 만한 내용도 많으니 여러 권을 읽어야 한다.

같은 분야, 비슷한 주제의 책들에는 당연히 공통된 내용이 많을 수밖에 없다. 꼬마빌딩을 다룬 책이라면 좋은 건물 보는 법부터 어떻게 사야 하는지, 유지관리는 어떻게 하는지 등을 당연히 다뤄야만 할 테니 말이다. 책들에서 비중 있게 다루는 키워드들이 보이게 마련인데, 이런 키워드들이 중요하다. 책만으로 알 수 없는 정보라면 인터넷에든 유튜브에든 검색해서 공부하는 게 효과적인데, 이때 키워드 위주로 검색해보면 효율적이다.

공부를 책으로만 해서는 안 된다. 책은 출간되기까지 짧게 잡아도 6개월에서 길게는 수년이 걸린다. 신간이라 해도 이미 시기가 다소 지난 정보일 수 있다. 요즘처럼 변화가 빠른 시기에는 더더욱 그렇다. 따라서 부동산과 경제 뉴스를 매일 봐야 한다. 신문을 구독하는 것도 좋고, 인터넷 기사를 봐도 좋다. 요즘에는 구독 신청을 하면 메신저나 이메일로 매일 정보를 업데이트해 보내주는 서비스도 많다. 방법은 찾으려고만 하면 얼마든지 있을 셈이다.

경제는 폭넓은 동시에 유기적으로 돌아간다. 부동산만 공부한다고 해서 끝이 아니다. 물가나 주식시장, 환율, 심지어 국제 경제와 금리가 우리나라 부동산 시장에 영향을 미치기도 한다. 더욱이 이 모든 것은 마치 날씨처럼 매일 달라지기 때문에 날마다 체크하고 새롭게 알아가야 한다. 이렇게 공부하면서 키워드를 알고 어느 정도 정보를 수집했다면 다음 단계로 넘어갈 때다. 단, 명심하자. 다시 한번 말하지만, 1단계는 어느 정도 했다고 해서 '끝'이 아니다. 어느 정도 쌓였다면 2단계와 '병행'할 수 있다는 의미일 뿐이다. 공부는 건물을 사고 나서도 쉼 없이 지속해야 한다.

**2단계: 심화 공부**

2단계 역시 1단계와 마찬가지로 정보를 수집하는 과정이지만, 약간의 차이가 있다. 1단계가 자율학습이라면, 2단계는 토론에 가깝다. 앞서 책이나 인터넷 검색, 강의 수강 등으로 공부했다면, 이제 블로그나 인터넷 카페 같은 커뮤니티에서 '교류'하는 것이다.

여기서 '교류'라는 말이 중요하다. 커뮤니티에서 정보를 얻어야 함은 물론이고, 반대로 내가 정보를 주는 역할도 해봐야 한다. 한 번이라도 누군가를 가르쳐본 사람은 알겠지만, 공부의 끝은 남을 가르치는 것이다. 혼자 공부할 때보다 누군가에게 가르칠 때 더 많은 것을 알게 되고 성장하는 법이다. 또한, 이 과정에서 같은 분야에 관심이 있는 사람들을 만날 수 있는데, 내가 취약했던 부분을 물어보고 답을 듣거나 서로 좋은 정보를 공유하기도 한다. 책이나 유튜브에도 좋은 정보가 있긴 하지만, 제작자가 일방적으로 제공하는 정보를 수동적으로 받아들일 수밖에 없다. 반면 2단계에서는 쌍방의 교류가 있으니 좀 더 나에게 특화된 정보를 구할 수 있다. 이 과정에서 의기투합해 서로의 장점을 더하고 단점은 가려주며 공동투자를 하는 사람도 적지 않다.

이렇게 활동하면서 나와 비슷한 조건인 사람들, 특히 그중 자영업자들은 어떻게 건물주가 되었는지를 지켜보고 이야기를 듣다 보면 '기준'이 좀 더 명확해진다. 자기자본과 대출을 어느 정도로 조절할 것인지, 가용금액은 어느 정도인지, 직접 쓸 건지 임대할 건지, 어느 지역이 좋을지 같은 기준이 더욱 명확하게 보이는 것이다. 단, 다른 사람들 사례는 어디까지나 참고사항일 뿐이다. 나의 상황과 앞으로의 계획 및 목표 등을 가장 잘 아는 사람은 바로 나 자신이다. 그러니 기준을 어디에 둘 것인지도 결국 스스로 정해야만 한다. 이런 기준을 정리한 '선택사항 기준표'와 함께 '물건비교표'를 부록에 담았으니 참고하기 바란다.

### 3단계: 손품과 발품

부동산과 건물 공부가 어느 정도 됐고 기본적인 정보를 구했다면, 이제 실제 건물들의 거래 내역을 많이 찾아볼 차례다. 나아가 임장을 가봐야 한다. 임장이란, 실제 현장에 가서 여러 가지 정보를 살펴보는 것이다. 건물의 외관과 내부 상태는 어떤지, 동네 분위기는 어떤지, 소음이나 악취가 있지는 않은지,

가까운 거리에 어떤 시설이 있는지, 도로 상태는 괜찮은지 등 직접 가봐야만 알 수 있는 것들이 있다. 지도로만 봤을 때는 평지 같았는데 실제로는 제법 경사가 진 곳도 있고, 인근에 세차장이 있어서 소음이 문제가 되는 경우도 있다.

이때 무턱대고 현장에 가보기보다는 '손품'으로 기본적인 정보를 정리하고, '발품'으로 이를 실제 확인하거나 더 구체적인 정보를 얻는 것이 효율적이다. 손품은 프롭테크proptech를 활용하는 것이 좋다. 프롭테크는 부동산 자산property과 기술technology을 합친 신조어로, 잘만 활용하면 내가 장사할 곳의 상권동네 | 오피스 | 워크인·관광객과 동일 업종 경쟁상대가 얼마나 있는지, 이들의 매출은 어느 정도인지는 물론 나의 수준과 상태까지 분석해볼 수 있다. 내가 주로 사용하는 프롭테크는 밸류맵, 디스코, 랜드북, 부동산플래닛 등이다. 하나하나의 사용법은 이후 '자영업자를 위한 입지분석 매뉴얼'에서 보다 자세히 설명하겠다.

다음으로는 발품을 팔 차례다. 어떤 사람들은 임장 한 번 갔을 때 최대한 많은 건물을 보는 것이 좋다고 하지만, 나는 그렇게 생각하지 않는다 2, 3개의 건물을 집중적으로 보는 편이 낫다. '얕게 많이'보다는 '적지만 깊게' 보는 쪽이 좋다. 단, 그러려면 손품단계에서 잘 걸러내야 한다. 임장 후에는 반드시 기록해야 한다. 이 건물이 왜 좋은지, 돈은 얼마나 들어가며 나중에 다시 팔아야 한다면 얼가에 팔 수 있을지, 임대를 한다면 수익률은 어느 정도일지를 기록해 손품단계에서 예측한 것과 비교해보면 매우 유용하다. 임장 시 확인해야 할 사항을 정리한 '임장 체크리스트'를 부록에 첨부했으니 참고하기 바란다.

## 4단계: 수지분석

3단계를 거쳐 눈여겨 봐둔 건물이 있다면, 여러 항목과 데이터를 통해 실제 비용과 수익성이 어느 정도인지 정량적으로 파악해봐야 한다. 이를 '수지분석'이라 한다. 수지분석을 제대로 한다면 실투자금, 대출과 거기에 따르는 이자, 건물을 통해 내가 얻을 수 있는 수익률 등을 알 수 있다. 처음에는 머뭇거리던 분들도 수지분석 결과를 숫자로 확인하면 생각보다 적은 비용과 리스크로 건물주가 될 수 있다는 사실을 알고 놀라서 건물을 사기도 한다. 자세한 설명은 이 책의 부록에서 더 자세히 다루겠다.

## 5단계: 건물 매입

수지분석까지 무사히 마쳤다면, 이제 매입해서 건물주가 될 시간이다. 건물을 살 때는 기준이 여러 가지일 수박에 없지만, 우선 가장 신경 쓸 수밖에 없는 것이 가격이다. 실제 매입 과정은 뒤에서 다시 자세히 설명하기로 하고, 여기서는 가격 이야기를 좀 해보자.

상가건물은 아파트와 달리 크기가 천차만별이라 평단가를 기준으로 따진다. 시세를 파악하는 데 중요한 요소인 평단가는 이름 그대로 1평<sup>약 3.3㎡</sup>당 매매가를 뜻한다. 계산법은 당연히도 전체 매매가를 대지면적으로 나눠서 계산한다. 예를 들어 매매가가 1억 원인데 대지면적이 10평이라면, 평단가는

1천만 원이 된다[1억/10평].

평단가와 함께 그 지역의 호재도 같이 살펴봐야 한다. 간혹 갑자기 실거래가가 오른 곳이 있는데, 그 이유를 찾아보고 실거래가를 계속 공부하다 보면 건물과 지역에 대한 감이 생긴다. 이런 '감'은 건물을 보는 '직관'과 연결돼 좋은 건물을 빨리 찾아내는 데 도움이 된다.

그러려면 매일 습관처럼 건물과 정보를 봐야 한다. 특히 관심 지역의 정보를 매일 보다 보면 어느 순간 실거래가가 매우 낮게 나온 건물이 눈에 들어올 수 있다. 그때가 기회다.

# 자영업자에게 부동산이
# 어렵지 않은 이유

"건물주 되고 싶긴 한데, 빚내야 되잖아요? 그건 무서워요. 부모님이 빚내면 호적에서 판다고 하셨어요."

"지금이야 월세 내고 장사하니까 여차하면 그냥 접고 빠지면 되는데, 건물은 일단 사면 되돌릴 수 없잖아요. 갑자기 부동산 폭락하고 임대도 안 되면 망하는 거 아닌가요?"

"지금까지 장사만 해와서 그런지 건물 입지분석은 자신 없네요."

건물주가 되고 싶다고 컨설팅이나 멘토링을 받으러 온 분들은 하나같이 '장사는 괜찮은데 건물은 무섭다'고 한다. 문제는 결국 돈이다. 대출까지 끌어다 써야 할 만큼 큰돈이 들어가는데 기껏 산 후에 부동산 시장이 하락할까 봐, 장사가 안될까 봐, 임대가 안 될까 봐, 그래서 큰 손해를 보게 될까 봐.

생각해보면 모두 일어나지 않은 일이다. 그게 두려워서 건물주가 되지 못하겠다면 자영업은 어떻게 시작한 걸까? 그 일은 성공할 확률이 100%였을까? 명심하자. 당신은 창업의 불확실함과 두려움을 이겨내고 자리를 잡은 사람이다. 건물주가 되는 것도 이겨낼 수 있다. 또한, 자영업자는 그 외에도 여러 가지 면에서 건물주가 되기에 유리한 사람이다. 이를 잘 파악하고 확실한 믿음이 있다면 행동은 어렵지 않다.

**존재하지 않는 것을 두려워하느라 아무것도 시작하지 못하는 사람들**

건물주가 되고 싶고 마음만 먹으면 실제로 건물을 살 수 있는데도 불구하고 망설이는 이유는 크게 두 가지 리스크 때문이다.

첫 번째는 '이자 리스크'다. 만약 수십억 원의 현금을 가지고 있는 사람이라면 크게 망설이지 않고 건물을 살 수 있을 것이다. 그러나 그런 꿈 같은 일은 거의 일어나지 않으니 대부분은 건물을 사려면 대출을 받아야 한다. 대출에는 당연히 이자가 붙는다. 이 이자가 부담돼서, 정확히는 '이자를 감당하지 못할 것 같아 두려워서' 망설인다. 그러나 앞서 이야기했듯이 1년 이상 월세를 밀리지 않고 감당해왔다면, 이는 최소한의 안정적인 현금흐름을 만들었다는 말과 같다. 이런 상황에서는 이자 때문에 건물을 못 산다는 말은 손님 없을까 봐 장사를 시작도 못 하겠다는 말과 같다.

예를 들어, 월세가 200만 원인 자영업자가 있다고 해보자. 월 200만 원의 월세라면 1년간 2400만 원이다. 월세가 아니라 대출 이자가 1년에 2400만 원이라면 대출 원금은 얼마일까? 금리가 4%라면 6억 원이 된다[24,000,000/0.04]. 즉, 6억 원을 금리 4%로 빌린다면 1년에 2400만 원, 월 200만 원의 이자를 내게 된다. 그러니 월세 200만 원을 밀리지 않고 낼 수 있다면 6억 원을 4%의 금리로 대출받아서 이자를 밀리지 않고 낼 수 있는 셈이다. 매입 후 리모델링 비용 등을 모두 포함해 10억 원이 필요하다면, 4억 원만 있으면 건물주가 될 수 있다. 월세로 나가든 이자로 나가든, 월 200만 원이 나가는 것은 그대로인데 나는 건물주가 되어 있고, 내 건물에서 마음 편히 장사할 수 있게 되는 것이다. 이를 레버리지 서클의 시각에서 보자면, 우리가 내는 200만 원의 월세는 건물주에게 6억 원의 레버리지가 되는 것과 같다. 건물주가 그렇게 하고 있다면 우리라고 하지 못할 이유가 없다.

| 금리(이자율) / 이자(월세) | 3.0% | 3.5% | 4.0% | 4.5% | 5.0% | 5.5% |
|---|---|---|---|---|---|---|
| 100만 원 | 4억 | 3.4억 | 3억 | 2.7억 | 2.4억 | 2.2억 |
| 200만 원 | 8억 | 6.9억 | 6억 | 5.3억 | 4.8억 | 4.4억 |
| 300만 원 | 12억 | 10.3억 | 9억 | 8억 | 7.2억 | 6.5억 |
| 500만 원 | 20억 | 17.1억 | 15억 | 13.3억 | 12억 | 10.9억 |
| 700만 원 | 28억 | 24억 | 21억 | 18.7억 | 16.8억 | 15.3억 |
| 1,000만 원 | 40억 | 34.3억 | 30억 | 26.7억 | 24억 | 21.8억 |

**금리(이자율)과 이자(월세)에 따른 레버리지 가능 금액**

임차료[월세]와 금리[이자율]에 따른 레버리지의 위력은 위의 표와 같다. 한번씩

이 표를 통해 예상으로 보거나 지금 당신의 상황과 비교해 보길 바란다.

이렇게 본다면 이자 리스크란 사실상 없는 것이다. 오히려 월세를 내는 것이야말로 언제 건물주의 갑질에 휘둘릴지 모른다는 리스크를 짊어지는 셈이다.

두 번째는 '공실 리스크'다. 어쩌면 이자 리스크보다 이게 더 두려울지도 모른다. 기껏 대출까지 받아서 건물주가 됐는데 아무도 들어오지 않으면 수익은 없이 이자만 나가는 상황이 될 테니까. 하지만 이 부분이야말로 자영업자라면 두려워할 이유가 없다. 프롤로그에서 이야기했듯이 내가 말하는 건물이란 강남 한복판의 높은 빌딩이 아니다. 라라브레드를 예로 들면, 주로 2층짜리 건물을 단독으로 사용한다. 즉, 어차피 내가 장사할 건물을 산 거니까 공실이 있을 리가 없다. 물론 라라브레드도 단독으로 사용하지 않는 지점도 있다. 이 경우 공실 리스크를 완벽히 피할 수는 없다. 그러나 최소화하는 방법은 있다. '7장. 적은 돈으로 건물주 되는 공동투자 노하우'에서 자세히 설명하겠다.

### 자영업자는 이미 자신에게 맞는 입지를 알고 있다

앞서 말한 리스크의 부담을 피한다 해도 건물을 사려면 또다시 망설이게 된다. 건물을 사서 새로 장사를 시작했는데 손님이 없어서 매출이 오르지 않으면 결국 이자 리스크가 다시 발생할 테니까. 게다가 그런 장소라면 임대해야 할 상황이 왔을 때 공실 리스크도 커진다.

그래서인지 나에게 "건물 어디에 사야 할까요?"라고 묻는 사람이 많은데, 내 답은 한결같다.

"장사하실 거죠? 그럼 장사하실 곳이 곧 건물주가 될 자리입니다."

그렇게 얘기하면 '아하' 이러면서 고개를 끄덕인다. 나는 이럴 때마다 한숨이 절로 나온다. 이유는 우리 자영업자들은 너무 힘들고 바쁘다 보니 장사밖에 모른다. 이 장사 프레임 속에서만 갇혀 사는 사장님들을 깨주고 싶어 활동하는 궁극적 이유이다.

모두 건물주가 되고 싶어서 나를 찾아오는 것이지만, 본질을 잊어서는 안 된다. 우리는 자영업자다. 건물부터 찾고 장사를 시작할 게 아니라, 내가 장사를 잘할 수 있는 곳인지가 먼저다. 흔히 말하는 '입지조건'이 좋아도 내 사업에는 맞지 않는 곳도 있고, 모두가 좋아할 만한 곳이라면 너무 비쌀 가능성이 크다. 어차피 우리는 임차인으로서 장사할 때도 '누가 봐도 좋은 곳'을 찾는 게 아니라 '내가 현실적으로 월세를 감당할 수 있는 곳'이면서 동시에 '내가 장사를 잘할 수 있는 곳'을 찾는다. 바로 그게 자영업자로서 건물주가 될 때 따져야 할 입지다. 그래야만 상대적으로 적은 돈으로도 건물을 살 수 있고(누구나 좋아할 만한 곳은 비싸니까), 내가 직접 건물을 사용하면서 이자를 감당할 수 있다. 거창한 상권분석 같은 것을 생각할 필요도 없다.

한 부동산 투자자는 보통 사람들에게 '아파트' 투자부터 시작할 것을 권한다. 직접 사업을 해보거나 상가투자 공부를 해본 사람이 아니라면 상권분석은 어렵지만, 누구나 '좋은 집'의 입지는 안다. '내가 살고 싶은 집'인지가 조건이다. 마찬가지로, 1년 이상 꾸준히 매출을 올려온 자영업자라면 '내가 장사를 잘할 수 있는 곳'은 누구보다도 자신이 가장 잘 안다. 바로 그게 기준이다.

여기에 몇 가지 '기술'만 더하면 남들이 보기에는 가치가 없어 보이는 건물을 싸게 사서 가치를 높일 수 있다. 건물주가 되어 마음 편히, 원하는 만큼 내 사업을 하는 것에 더해 건물 가치 상승으로도 상당한 이득을 보는 셈이다. 이처럼 상대적으로 싼 건물을 사서 내가 직접 그 자리에서 장사하면서 건물의 가치까지 끌어올리는 것이 레버리지 서클의 핵심이다.

따라서 모두가 선호하는 큰길가나 역세권을 벗어난 곳 또는 공실이 오래 이어진 곳이 유리할 수도 있다. 그런 곳이 훨씬 싸기 때문이다. 그런 곳에서 장사로 성공하려면 손님이 찾아오게 만들 수 있는 집객력이 있어야 하고, 그 기반은 누누이 강조한 '콘텐츠'다. 콘텐츠가 약하면 건물의 가치를 끌어올리기는커녕 이자도 충당하기 힘들다. 나 역시 타르타르와 라라브레드를 모두 그런 방식으로 성공시켰다. 각각 앞선 자영업자의 장사가 망한 곳과 주택가였다. 손님들을 끌어모을 콘텐츠가 있었기에 성공할 수 있었다. 만약 그럴 만한 콘텐츠가 없다면, 무조건 역세권이나 큰길가에서 장사해야만 성공할 수 있다면, 이는 '콘텐츠'의 힘이 아닌 '입지'의 덕을 본 셈이니 아직 레버리지 서클을 활용할 단계가 아니다. 훨씬 불리한 자리에서도 성공을 거둘 만큼 탄탄한 콘텐츠부터 갖춰야 한다.

## 돌다리를 두드려보지 않아도 되는 시장

이만큼 설명했는데도 건물을 사는 게 망설여진다면 이렇게 한번 생각해보자. 우리는 이미 창업을 한 사람들이다. 창업은 그야말로 예측 불가다. 이익률을 따지기도 힘들고, 성패를 예측하기도 매우 힘들다. 창업 3년 이내 폐업하는 사람이 70%가 넘는다고 하니 얼마나 어려운 일인지 짐작할 만하다. 반면 부동산은 정석대로만 하면 손해를 볼 일은 많지 않다. 단기적으로는 가치가 떨어지기도 하지만, 장기적으로는 수십 년간 우상향해온 시장이다. 부동산으로 피해를 본 경우는 대부분 사기를 당했거나, 너무 큰 욕심을 부리느라 무리한 투자를 한 결과다.

위험한 시장인 만큼 창업은 인건비와 원가, 판매관리비, 재투자비용, 4대 보험을 비롯한 여러 가지를 다 포함해 이익률을 계산해야 한다. 시장이 조금만 변해도, 최저임금이 조금만 올라도, 원가가 조금만 올라도 이익률이 크게 떨어지고, 근처에 같은 업종이 들어서기라도 하면 피해를 직격으로 맞을 수도 있다. 예측이 어려운 만큼 돌다리를 수십 번 두들겨보고 건너야 하는 시장이다.

그러나 부동산은 다르다. 건물을 구입할 때는 '수지분석'을 한다. 현재 매매가부터 평균 임대료와 주변 임대료 시세, 내 주머니에서 직접 나가는 자기자본은 얼마나 필요한지, 실제 설계와 건축 가능 여부, 대출 가능 금액과 금리, 예상 수익률과 시세차익 등을 엑셀 표에 넣고 분석하는 것이다. 놀랍게도, 이 수지분석은 실제와 90% 이상 맞아떨어진다. 정량적인 체크는 여기서 이미 끝난다. 안전하다는 것도, 수익률이 높다는 것도 좋지만, 어쩌면 이런 점이야말로 부동산 시장의 가장 큰 장점인지도 모른다. 이후 정성적인 부분은 실행하느냐 마느냐다.

사업하는 사람들은 항상 리스크를 줄이고 이익을 극대화하는 길을 찾는다. 나는 그 길을 건물주에서 찾았다. 레버리지 서클을 알게 된 후로 건물주 되는 법도 비즈니스 마인드로 접근하면 간단하다는 사실을 깨우쳤다. 레버리지와 수지분석만 알아도 리스크 방어가 가능하기 때문이다. 게다가 장사를 망친다 해도 건물은 남고, 이 자리에서 나보다 더 장사를 잘할 사람이 있다면 적절한 금액으로 임대할 수도 있다. 그러니 사업만 할 때와 비교하자면 리스크는 훨씬 줄어들고, 성공할 경우 건물 가치 상승으로 이익은 훨씬 커진다. 장사만으로는 힘에 부치던 부의 사다리를 빠르게 타고 올라갈 수 있게 된다.

창업과 달리 그야말로 돌다리를 두드려보지 않아도 되는 시장이다. 마음만 먹으면 건널 수 있고, 건너기만 하면 노동소득과 자산소득을 동시에 누리며 행복하게 장사하고 빠르게 경제적 자유를 누릴 수 있는 돌다리가 눈앞에 있다. 당신은 건널 것인가, 건너지 않을 것인가.

# 자영업자를 위한
# 입지분석 매뉴얼

　콘텐츠가 확실하게 갖춰졌고 건물주가 될 결심이 섰다면, 레버리지 서클이라는 돌다리를 끝까지 건너기로 결심했다면, 기본적인 부동산 공부를 마쳤다면, 이제 남은 것은 실행뿐이다. 그리고 그 시작은 내게 맞는 건물을 찾는 것, 즉 '입지분석'이다.

　다시 말하지만, 내가 알려줄 입지분석은 일반적인 '부동산 투자' 기준과는 조금 다르다. '내가 장사할 건물'을 찾는다는 것이 전제이므로, 내가 그 아이템으로 장사를 잘할 수 있는 건물이 기준이 된다. 이 기준을 적용한다면, 입지분석은 의외로 단순하다. 크게 4단계만 잘 거치면 된다.

## 레버리지 서클 입지분석 매뉴얼

### 1. 리서치

내가 장사하고자 하는 분야가 정해졌다면, 구체적인 아이템을 정하는 것도 중요하다. 예를 들어, '카페'라는 큰 틀을 정했다고 해서 끝이 아니다. 카페에도 다양한 콘셉트가 있고, 그 안에서도 수많은 아이템을 팔 수 있다. 브런치 카페도 있고, 커피 맛에 집중하는 카페도 있으며, 다양한 케이크로 유명한 카페도 있다. 과거에 나는 타르트 전문 카페를 만들기도 했고, 지금은 베이커리 카페인 라라브레드를 운영하고 있다.

구체적인 아이템을 정하려면 트렌드를 분석해야 한다. 스타벅스는 초창기에 커피와 음료 외의 먹을거리를 판매하지 않았다. 향과 냄새가 강한 음식은 커피를 음미하는 데 방해가 된다는 생각에서였다. 그러나 브런치를 곁들인 카페가 트렌드가 된 후로는 스타벅스도 여러 가지 메뉴를 개발했고, 지금은 커피 못지않게 인기를 끌고 있다.

트렌드 분석에는 '리서치'가 필수다. 일종의 '병목'이 일어날 때까지 트렌드를 좁히고 분석하다 보면 원하는 아이템을 찾아낼 수 있다. 물론 타깃 분석도 빠질 수 없다. 타깃도 마찬가지로 뾰족하게 좁혀서 분석하고 정해야 한다. 그래야 고객의 성별과 연령대는 물론이고, 가격 전략과 콘셉트 등을 정할 수 있다. 이때, 대표 메뉴가 될 수 있는 '킬링 제품'과 함께 마케팅도 고려해야 한다. 젊은 층이 많이 찾을 간한 인스타 감성의 가게라면 온라인 위주의 마케팅이 유리하겠지만, 동네 주부들을 대상으로 하는 가게라면 오프라인 마케팅이 더 효과적일 수 있다. 타르트 전문 카페를 운영할 때, 나는 SNS를 적극적으로 사용하는 청년층을 타깃으로 했다. 일부러 커다란 진열대를 만들어 보기만 해도 눈이 즐거워지는 형형색색의 타르트를 가득 채워놨고, 내 바람대로 손님들은 사진을 찍어 SNS에 올리기 바빴다. 그것만으로도 큰 마케팅 효과를 봤고, "이제 타르트 시장은 죽었어"라던 사람들의 우려와 달리 여러 지점을 열며 승승장구했다.

이처럼 리서치 단계에서 힘을 많이 들이고 정확하게 전략을 짜야 시행착오를 줄이고 성공 확률을 높일 수 있다.

### 2. 손품

"나무를 베는 데 여섯 시간이 주어진다면, 나는 도끼날을 가는 데 네 시간을 쓰겠다"던 링컨의 말은 장사와 투자에서도 통한다.

과거, 장사를 하든 부동산 투자를 하든 건물 하나 사려면 발바닥에 물집이 잡히도록 발품을 팔아야 했다. 그래야만 제대로 된 건물, 내가 원하는 건물을 살 수 있었다. 그러나 기술이 발달하면서 이제 스마트폰만 있으면 프롭테크를 활용해 앉은 자리에서도 많은 정보를 알 수 있다.

내가 입지분석에 주로 이용하는 유용한 프롭테크는 다음과 같다.

| 사이트/앱 | 활용방법 |
|---|---|
| 상권정보시스템<br>sg.sbiz.or.kr/godo/index.sg | 소상공인진흥공단과 중소기업벤처부에서 운영하는 사이트. 내가 선택한 상권에 어떤 업소가 얼마나 있는지, 유동인구와 매출은 어느 정도인지 등을 조회해볼 수 있다. 분석 자료를 반영하는 시점에 따라 정확도에 다소 차이가 발생할 수 있으므로 자료를 해석할 때 참고해야 한다. |
| 오픈업<br>www.openup.com | 동네 상권과 매장들의 매출을 알 수 있는 사이트. 카드 매출을 기본으로 하기에 현금 결제와 배달 매출은 제외되어 100퍼센트 정확하지는 않다. 그러나 점점 카드 이용이 늘어나면서 정확도가 90퍼센트 정도는 된다고 볼 수 있다. |
| 마이프차<br>myfranchise.kr | 프랜차이즈의 상권 분석이 가능한 앱. 인근 500미터 내의 세대 수와 학교, 병원 등의 시설 유무도 확인 가능하다. |
| 네모<br>www.nemoapp.kr | 빅데이터 기반의 상권분석 서비스. 상업용 부동산의 임대료를 확인할 때 사용한다. |
| 밸류맵<br>www.valueupmap.com/ | 토지와 건물 시세를 확인할 수 있는 사이트·앱. 실거래가 업데이트가 빠른 편이고, 기간별 실거래 평단가 조회가 편리하다. |
| 디스코<br>www.disco.re | 토지와 상업용 부동산의 실거래가를 확인할 수 있는 사이트·앱. 세부 층별 정보 확인이 가능하다. 타 프롭테크 대비 토지와 건물 정보 조회가 편리하고 자세하다. 국토교통부 실거래가보다 정확한 위치와 가격 정보를 제공하는 것이 장점이다. |
| 부동산플래닛<br>www.bdsplanet.com/main.ytp | 지역 노후도를 알아볼 수 있는 사이트·앱. '토지+건물'의 추정가 계산이 가능하고, 재개발을 예측하기에 용이하다. |
| 랜드북<br>www.landbook.net/home | 토지 정보와 실거래가, 추정가 등을 확인할 수 있는 사이트·앱. 토지 및 건물 현황, 신축분석, 사업성 분석, 가격추정, 공시지가 추이 등을 확인할 수 있다. |
| 카카오맵<br>map.cacao.com | 카카오의 지도 서비스. 과거와 현재 모습을 한 화면에 분할하여 보여줌으로써 한눈에 볼 수 있다. |
| S맵<br>smap.seoul.go.kr/<br><br>기타 지방 : 공간정보 오픈플랫폼 지도서비스 V_World 이용<br>map.vworld.kr/map/s3dmap.do | 서울시 3차원 가상현실 지도(서울만 가능), 건물 외관, 저촉관계, 조망, 옥상 상태, 불법건축물 여부 등을 확인할 수 있다. 서울 외의 지역은 V_World를 이용할 수 있다. |

예를 들어, 어느 지역의 10억~20억 원 사이 상가건물을 찾을 경우, 나는 손품을 대략 이런 식으로 진행할 것이다. 우선, 랜드북이나 부동산플래닛에 들어가서 건물의 감정평가액을 검색한다. 랜드북이 실제 감정평가를 해주지는 않지만, 보유한 그간의 데이터를 바탕으로 추정가를 보여준다. 생각보다 잘 맞는 편이지만, 은행의 감정평가와는 오차가 있을 수 있으므로 참고만 한다. 이어서 부동산플래닛에서도 감정평가액을 검색해본다. 만약 매물가가 10억 원인데 감정평가액이 랜드북에서는 12억, 부동산플래닛에서는 13억 원으로 나왔다면 우리는 무엇을 알 수 있을까? 둘 다 매가보다 높게 나왔으니 실제 가치가 최소 12억 원은 된다고 볼 수도 있다. 반면, 같은 건물의 감정평가액이 각각 8억 원과 10억 원으로 나왔다면 조금 곤란해진다. 매가보다 낮게 나온 곳이 있으니 판단이 어려워지는 것이다. 이처럼 기초적인 판단을 내릴 수 있게 된다.

이 외에도 최근의 건물 매매 사례들을 보다 자세하게 보여주고 추정가가 높은 건물들을 알려준다는 점에서 부동산플래닛이나 랜드북은 꽤 유용하다.

다음으로는 밸류맵에 들어가서 그 지역의 최근 실거래가를 알아본다. 이 단계에서는 보통 평단가를 많이 보는 편이다. 밸류맵에는 AI가 건축 설계를 대신해주는 유료서비스도 있는데, 금액이 크게 부담되지 않는다면 이용해봐도 좋다.

디스코에서는 용도지역이나 용적률, 연면적 같은 건물 정보를 볼 수 있다. 이런 정보는 다른 사이트에서도 볼 수 있지만, 디스코의 UI가 편리한 편이다.

참고로 S맵은 건물을 3D로 보여주는 기능도 있으니, 필요하다면 이용해보자.

서울과 수도권은 자주 가던 곳도 한두 달 만에 찾아가면 확 바뀌어 있기도 할 만큼 변화가 빠르다. 이럴 때는 과거와 현재 모습을 한 화면에 나누어 보여주는 카카오맵이 편리하다. 같은 자리를 연 단위로 비교해가면서 상권 변화 등을 유추해볼 수 있다.

직접 쓰지 않고 임대하고 싶다면, 네모에서 임대료 실거래가를 찾아보자. 평당 임대료는 구축, 신축, 리모델링 등 상황별로 천차만별이다. 그 동네 시세가 평당 10만 원이라 해도 내 건물이 신축이라면 15만 원을 받을 수도 있다. 그래서 입지나 위치 건물 등에 따라 임대료가 달라지기도 한다. 이러한 주변 임대료 시세를 확인하는 데 네모가 유용하다.

### 3. 발품

아무리 기술이 발달했고 손품만으로 많은 정보를 알아낼 수 있다고는 해도, 여전히 발품을 팔아야만 알 수 있는 것들이 있다. 우선 손품 단계에서 기초적인 분석이 끝났다면 이를 토대로 직접 그 일대를 돌아다니면서 확인할 차례다. 손품으로 매출을 분석한 곳을 찾아 실제로는 어떤지 확인해보자. 피크 시간대의 손님 수를 보면 대략적인 매출 확인이 가능하고, 그 시간에 일하는 종업원의 수를 통해 인건비도 예측해볼 수 있다. 예전에 나는 경쟁 가게 뒤편에 맥주 박스가 얼마나 쌓였는지를 체크하고 음식물쓰레기통을 열어보기도 했다. 음식물쓰레기통에 쌓인 잔반의 양을 보면 얼마나 장사가 잘되는지와 더

불어 관리는 얼마나 잘되는지도 알 수 있다. 음식이 맛없어서 손님이 남긴 것도 있겠지만, 재료의 선입선출(先入先出) 관리가 제대로 되지 않아도 잔반이 많이 남기 때문이다. 경쟁 가게가 이런 관리가 제대로 이루어지지 않고 있다면 나에게 더 큰 승산이 있는 셈이다. 또한, 인근에서 오랫동안 장사를 해온 가게들을 찾아가 최근 이쪽의 전반적인 분위기는 어떤지, 예전과 비교해 장사가 얼마나 되는지 등을 넌지시 물어볼 수도 있다. 이때, 평일과 주말, 휴일, 오전과 오후, 저녁, 밤 등 다양한 시간대를 확인해야 더 많은 정보를 얻을 수 있다. 이런 것들은 손품만으로는 알 수 없다.

### 4. 건물 매입

확실한 아이템을 정하고 관심 지역의 상권과 경쟁업체 분석, 인근의 부동산 정보까지 확인했다면, 이제 나에게 맞는 건물을 살 차례다. 이때 중요한 것은 나에게 필요한 건물의 규모와 매매가에 대한 기준을 세우는 것이다. 내가 현재 가지고 있는 자금과 대출금액, 현재의 금리를 고려해 이자/월세를 감당 가능한지 체크하여 수지분석(수익분석)을 해야 한다.

매입할 건물을 정하고 자금 계획을 세웠다면 등기부등본, 토지이용계획확인도, 건축물대장 등 필요 서류를 발급받아서 문제가 없는지 확인한다. 그다음, 그 건물이 실제 매입 가능한 건물인지 확인하기 위해 전문 라이센스를 가진 건축사에게 가설계를 맡긴다. 간혹 50평 땅이라고 들었는데 가설계를 해보니 30평밖에 못 짓는 땅인 경우도 있다. 그렇다면 아무리 싸게 샀어도 손해를 본 셈이다. 가설계가 불가능한 건물이라면 최악의 경우 사기를 당할 수도 있다. 가설계까지 통과한 후에 계약을 진행해야 한다.

건물 매입 전에 반드시 확인해봐야 할 서류는 다음과 같다.

| 서류명 | 활용방법 |
| --- | --- |
| 등기부등본<br>(등기사항전부증명서) | 건물주의 정보와 대출 내역을 알 수 있는 서류. 해당 지역의 주민센터에서 발급받을 수 있고, 대법원인터넷등기소(www.iros.go.kr)에서도 열람 가능하다. |
| 건축물대장 | 불법이나 위반 건축물 여부를 체크해볼 수 있는 서류. 주민센터나 행정복지센터, 시청 등에서 발급받을 수 있고, 정부24(www.gov.kr)에서도 발급받을 수 있다. |
| 토지이용계획확인원 | 불법이나 위반 건축물 여부를 체크해볼 수 있는 서류. 주민센터나 행정복지센터, 시청 등에서 발급받을 수 있고, 정부24(www.gov.kr)에서도 발급받을 수 있다. |

각 서류의 양식과 확인해야 할 사항의 예시를 부록에 담았으니 참고하기 바란다.

# 입지를 보는 직관은
# 타고나는 게 아니다

　보통 투자자는 건물을 살 때 가진 돈에 맞추거나 임대수익이 잘 나올 만한 것을 찾는다. 자기만의 기준이 없기 때문이다. 돈에 맞추다 보면 여기저기 중구난방으로 돌아다니게 된다. 그렇게 막연하게 찾으면 일단 쉽게 지치고, 잘못된 판단을 내릴 가능성이 커진다.

　여기에 그저 임대수익만을 따지다 보면 당장의 수익률에 눈이 멀어 장기적으로는 좋지 않은 물건을 덜컥 살 우려가 있다. 조급한 마음에 꼼꼼히 살펴봐야 할 것들을 대충 넘어가게 되기도 한다. 더욱 문제는 기껏 산 건물의 공실을 메우기가 쉽지 않다는 것이다. 운 좋게 실제보다 저렴한 건물을 사 놓고도 공실인 채로 그저 누군가 들어와 주기를 마냥 기다리는 일도 많다. 공실이 길어질수록 들어오는 돈 없이 대출 이자와 관리비만 나가니 점점 초조해진다. 임대료를 낮춰서라도 임차인을 받을 것인가, 건물 가치와 수익률을 생각해 손해를 감수하고 기다릴 것인가 고민에 빠진다. 흔히 겪는 일이고, 나 역시 그런 투자자를 자주 봐왔다.

여기서 '자영업자'라는 사실이 빛을 발한다. 사실상 한 단계의 허들을 넘고 들어가는 유리한 입장에 서는 것이다. 우리는 이미 공실을 채울 '콘텐츠'가 있기 때문이다. 그러니 건물을 살 때도 너무 복잡하게 따지기보다는 '내가 장사하기에 적당한 곳'을 찾으면 된다. 물론 업종마다 좋은 입지는 다르다. 미용실을 할 자리에 고깃집이 들어갈 수는 없는 노릇이다. 이처럼 케이스가 다양하지만, 기본적으로 '장사 잘될 자리'에도 공통적인 요건들이 있다. 이것만 알아도 입지를 보는 눈을 키울 수 있다.

다음 사항들만 잘 따져도 '장사 잘될 자리'를 기본적으로나마 선별해볼 수 있을 것이다. 앞서서 말한 발품팔며 쓰레기를 뒤졌던 내용 기억하는가. 누군가에게는 하찮은 쓰레기에 불과하겠지만, 또 누군가는 그 쓰레기를 통해 기회를 찾는다.

이처럼 건물도 남들은 별볼일 없다고 생각하는 것도 흙속에 진주처럼 어떤 관점에서 보느냐에 따라 몇 억 몇 십억이 달라진다. 다음 사항들만 잘 따져도 '장사 잘될 자리'나 보석같은 건물을 기본적으로나마 선별해볼 수 있을 것이다.

## '장사 잘될 자리' 찾는 체크리스트

### 1. 교통편이 편리해 찾아오기 쉬운가?

거주할 집을 찾을 때 무엇을 기준으로 할까? 보통은 '직주근접(직장과 주거지가 가까운 것)'이나 역세권을 중요시할 것이다. 장사할 자리도 다르지 않다. 서울과 수도권이라면 지하철역에서 가까울수록 좋다. 역에서 거리가 좀 있다면 대신 커버 가능한 버스정류장이라도 근처에 있어야 한다. 지방은 기차역이 있는 곳, 사람들이 많이 알 만한 곳이 유리하다. 핵심은 어떤 경로로든 '찾아오는 데 어려움이 없어야 한다'는 점이다.

### 2. 주동선을 찾아 유동인구를 확보할 수 있는가?

'상식적'으로는 무조건 지하철역이나 버스정류장에서 가까워야 좋다고 생각하기 쉽다. 물론 그런 곳이 기본적으로 장사에 유리하다. 그러나 빛이 있으면 그림자가 있는 것처럼, 이런 곳에도 단점은 있다. 임대료가 비싸고, 사람들이 오래 머물기보다는 스쳐 지나가는 곳이라는 점이다. 동네마다 사람들이 자주 다니는 곳은 따로 있다. 시장일 수도 있고 공원일 수도 있다. 그 동네의 특징을 파악하고, 사람들이 자주 다니는 길목이 어디인지 알아야 한다.

잠실에서 라라브레드를 오픈할 곳을 찾을 때, 역 근처와 큰길가는 임대료가 너무 비싸서 엄두가 나지 않았다. 나는 결국 남들이 만류하는 한적한 골목에 매장을 오픈했고, 말 그대로 대박이 났다. 발품을 팔고 다니면서 사람들이 자주 다니는 주동선을 파악한 결과, 이 골목에 열어도 충분히 승산이 있다고 여겼던 것이다.

### 3. 배경 인구를 파악하라!

장사하려는 지역의 세대 수를 파악해야 한다. 동네 장사의 경우 특히 중요하다. 근방에 어느 정도 규모의 거주 인구가 있는지, 그중 내가 열려는 가게의 고객층 비율은 어느 정도인지 알 수 있다면 단골 확보의 척도로 활용할 수 있다. 앞서 말한 라라브레드 잠실점을 연 곳은 인근에 주택가가 많아서 배경 인구는 충분했다. 이때, 발품을 팔면서 사람들의 주동선만 파악한 것이 아니라 이들의 연령층도 파악했다. 아침에는 출퇴근하는 사람이 많이 지나다녔다. 가는 길에 빵 하나, 커피 한 잔 팔기에 적절해 보였다. 물론 퇴근길에도 같은 길을 지날 테니 가족들과 먹을-1인 가구라면 저녁 대용으로-빵을 사서 갈 고객들 같았다. 점심 무렵에는 가족을 출근시키거나 학교에 보내고 집안일을 끝낸 여성들이 보였는데, 브런치 메뉴를 팔기에 좋은 고객이었다. 이처럼 배경 인구는 물론 이들이 어떤 사람들인지 파악하는 것만으로도 남들은 만류하는 장소임에도 자신감을 가지고 장사를 시작할 수 있었다.

### 4. 상권을 명확하게 정하라!

여기서 말하는 상권은 가로수길이나 성수동처럼 힙한 동네의 개념이 아니다. 장사할 생각이라면 상권의 기준을 '이 동네가 왜 잘될까'가 아니라 '여기서 내가 얼마의 매출을 낼 수 있을 것인가'로 잡아야 한다. 상권은 크게 보면 오피스 상권, 동네 상권, 워크인-관광지 상권, 이렇게 세 종류로 나누어 볼 수 있다. 내가 하려는 업종에 맞는 상권인지가 중요하다.

### 5. 인근 가게들에서 힌트를 얻어라!

내가 장사를 하려는 곳 근처에 유사한 업종의 가게들이 잘되고 있는지를 체크하는 것만으로도 많은 정보를 얻을 수 있다. 단순히 매출만이 아니라, 그 가게들이 업종을 변경하지 않고 얼마나 오래 장사를 해왔는지도 체크해봐야 한다. 또한, 업종 불문하고 그 지역의 '1등 가게'를 찾아보는 것도 중요하다. 라라브레드 잠실점을 열 때 그 골목의 1등 가게는 방송에도 나왔던 연어덮밥 가게였는데, 사람들이 줄을 서서 기다렸다.

업종 불문하고 1등 가게를 찾는 것이 왜 중요할까? 나는 사람들에게 예능 프로그램 〈정글의 법칙〉을 예로 든다. 이 방송을 보면 야생의 섬에 도착하자마자 대장 역할을 하는 개그맨 김병만이 선두에 서서 시야를 가리는 긴 풀들을 베어나간다. 덕분에 뒤에 따라오는 사람들은 한결 수월하게 지날 수 있다. 인근의 1등 가게가 바로 이런 역할을 한다. 대로변에서 좀 벗어난 위치라도 그곳에서 이미 안정적으로 장사를 하고 있는 선구자가 있다면 그곳은 미지의 장소가 아니라 검증이 된 곳이다. 이를 레퍼런스 삼아 나의 매출을 예측해볼 수 있다. 나는 이를 '팔로우(follow) 전략'이라고 부른다. 라라브레드 잠실점은 그 연어덮밥 가게에서 100여 미터 떨어진 곳에 열었고, 내 예상 그대로였다.

### 6. 땅의 용도를 확인하라!

이보다 더 좋을 수 없는 위치에 건물을 구했다 허도 그대로 이용하는 경우는 거의 없다. 업종과 고객에 따라, 가게의 콘셉트이 따라 건물 전체의 느낌과 인테리어가 달라져야 하기 때문이다. 위치야 바꿀 수 없어도 건물은 바꿀 수 있다. 신축을 할 수도 있고 리모델링을 할 수도 있다. 단, 어떻게 쓸지 미리 정해야 땅을 계약할 수 있다.

이때, 상업지 여부를 알아두는 것도 중요하다. 그래야 건물을 몇 층까지 올릴지 정할 수 있다. 필요하다면 다른 층에 임대를 줄 수 있는지도 고려해봐야 한다. 덧붙여 바르 옆 건물과의 거리와 일조권 사선제한 여부도 확인할 필요가 있다.

### 7. 주위 시세와 비교해 매력적인 가격인지 따져라!

내가 할 장사에 적합한가 여부 못지않게 건물을 싸게 사는 것도 중요하다. 내가 가진 돈에 대출까지 고려해 가격을 따져봐야 한다. 은행에서는 건물의 매매가가 아니라 감정평가액으로 대출금을 결정한다. 그러니 매매가가 얼마인가 못지않게 감정평가액이 잘 나오는 것도 중요하다. 은행마다, 사람마다 조금씩 차이는 있지만, 대출은 대체로 60~80% 정도 가능하다.

### 8. 건물을 꾸미는 비용을 파악하라!

적은 돈으로 건물을 효율적으로 꾸밀 수 있는지가 중요하다. 내가 겨냥한 고객의 성향이나 가게의 콘셉트를 벗어나지 않는다는 전제하에, 이전 임차인이 사용하던 것 중 그대로 활용할 수 있는 부분이 있다면 비용을 크게 아낄 수 있다. 또한, 내가 원하는 콘셉트와 분위기는 내가 가장 잘 알고 있으니 셀프 인테리어를 하거나 신축 대신 리모델링으로 비용을 아끼는 방법도 있다. 특히 리모델링은 신축보다 기간과 비용은 적게 들면서도 잘만 하면 비슷한 효과를 거둘 수 있다. 리모델링의 효과가 궁금하다면 이 책의 부록에 담긴 라라브레드 송정점 사례를 참고하기 바란다.

### 9. 주차장 유무를 확인하라!

특히 지방은 주차장 유무가 중요하다. 지방에는 대중교통을 이용하기보다는 자차를 이용하는 사람이 상대적으로 많기 때문이다. 아무리 음식이 맛있고 서비스가 뛰어나도 단지 주차장이 없거나 주차 시설이 부족하다는 이유만으로 고객을 놓칠 수도 있다. 만약 건물에 주차 시설이 충분히 갖춰져 있지 않다면 차선책이라도 있어야 한다. 근처 골목에 댈 수 있는지, 가까운 곳에 공영주차장이 있는지를 확인해야 한다. 또한, 건물 앞에 6미터 이상 꺾이지 않은 도로가 있다면 사람들이 잠깐 픽업하기에 편리하고, 멀리서도 찾아오기가 쉬우니 이 부분도 확인하자.

이 외에도 확인해야 할 요소가 많지만, 우선은 이 9가지만 잘 확인한다면 최소한 '내 가게에 맞는 장소'를 찾는 데는 무리가 없을 것이다. 단, 여기에는 한 가지 전제조건이 있다. 내 가게를 열 지역이 정해져 있어야 한다는 점이다.

## 내 건물을 나보다 잘 찾을 수 있는 사람은 없다

장사 잘될 곳을 찾고 입지를 분석하는 과정은 복잡해 보이지만, 사실 기준이 명확하다. '내가 여기서 장사를 잘할 수 있는가' 여부다. 내 이야기를 하자면, 라라브레드 길동점 역시 그런 기준으로 건물을 찾았다.

당시는 라라브레드의 콘셉트를 '동네 빵집'으로 잡기 시작할 때였다. 부동산 중개인은 역 앞의 건물을 보여줬다. 그러나 내가 찾는 곳과 딱 들어맞지 않는다는 생각이 들었다. 자금이 많지 않았기 때문에 역에서 조금 벗어난 건물을 찾고 있었고, 잠실점과 마찬가지로 그 건물은 '지나다니는' 사람은 많았지만 머무는 시간은 짧은 것 같았다. 그래서 나는 중개인의 추천은 참고만 하고 혼자 그 동네를 둘러보기로 했다. 평소에도 산책을 좋아해 자주 돌아다니는 편이다.

여기저기 다녀보니 중개사가 보여준 역 앞보다 사람들이 더 많이 다니는 길이 따로 있었다. 시장 초입인 데다 버스정류장이 있어서 동네 사람들이 출퇴근 시 다니는 길이었다. 역 앞보다 유동인구가 3~4배는 더 많아 보였다. 발품을 판 덕에 동네 주동선을 찾아낸 것이다. 찬찬히 보니 소위 '땡처리'하는 가게가 눈에 띄었다. 그런 곳은 보통 깔세 중단기로 월세를 한꺼번에 지불하고 계약하는 임차 방식인 경우가 많아서 명도도 금방 해결될 것 같았다. 곧 그 골목에서 마음에 드는 건물을 찾아 계약했고, 지금도 4년째 운영 중이다.

이처럼 좋은 입지란 업종과 사람에 따라 다르다. 장사란 '어디서' 하느냐 보다도 '누가' 하느냐, 즉 어떻게 하느냐가 훨씬 큰 영향을 주기 때문이다. 그러니 무조건 번화가나 역 앞 건물보다는 내 사업에 맞는 자리를 찾는 것이 훨씬 중요하다. 스스로 발품을 팔고 방법을 고민할수록 내게 맞는 건물을 찾아내는 혜안도 생겨날 것이다.

# 6장

# 저평가된 건물을 찾아내는 '이면을 보는 눈'

레버리지 서클의 핵심 중 하나는 '좋은 건물을 저렴하게 사는 것'이다. 그래야 레버리지 서클의 효과가 극대화된다. 비용을 줄여야 리스크도 줄고, 가치를 키웠을 때 이득도 커진다. 중요한 건 그런 건물을 어떻게 찾아내느냐다. 남들이 다 좋아할 만한 건물은 누구나 다 찾아낼 수 있다. 비쌀 수밖에 없다. 남들이 신경도 쓰지 않을 만한 곳, 관심 두지 않을 만한 건물 중 내가 장사를 잘할 수 있는 물건을 찾아내야 한다. 이때 필요한 것이 '이면을 보는 눈'이다.

# 노른자보다 값진
# 흰자 전략

"장사하는 곳과 건물 살 곳을 다르게 보지 마세요. 장사할 곳에 건물을 사는 거지 장사 따로 건물주 따로가 아닙니다."

좋은 입지 찾는 노하우를 묻는 내담자나 수강생에게 자주 해주는 말이다. '어디서 장사할 것인가'보다는 '내가 장사를 잘할 수 있는 곳은 어디인가'를 먼저 생각해야 한다. 전자를 기준으로 한다면 역세권에 유동인구도 많은 대로변을 먼저 찾게 된다. 장사하기에 매우 유리한 조건이니 비쌀 수밖에 없다. 반면 후자가 기준이 되면 현실을 고려할 수밖에 없고, 자기 자신을 더 잘 파악하게 된다.

사람들은 라라브레드 건물을 보고 "어떻게 이런 곳을 찾아내셨어요?"라고 자주 묻는다. '이런 곳'이 어떤 의미인지 물으면 너무 붐비지도 그렇다고 한산

하지도 않은 위치에 면적도 딱 적당해 보인다고 한다. 라라브레드에 최적화된 건물이 그 자리에서 나를 기다리고 있었다고 생각하는 듯하다. 아니던 내가 운이 좋아서 그런 건물을 찾아냈다고 생각하거나. 사실 둘 다 어느 정도 맞는 말이면서 완전히 틀린 말이기도 하다.

라라브레드는 대부분 대로변을 벗어난 곳, 그러면서도 너무 외지거나 황량하지는 않은 '이면'에 있다. '국물도 없다'거나 '노른자만 자기가 갖는다'는 식의 표현을 흔히 접할 것이다. 국물보다는 건더기가, 흰자보다는 노른자가 핵심이라는 의미다. 나는 일반적인 기준에서는 좋은 입지가 아닌 만큼 싸고, 장사를 잘하면 가치가 높아지는 이면의 건물을 '흰자'라고 한다. 모두가 '노른자' 같은 건물만을 바라볼 때 가치가 저평가된 '흰자'에 집중한 것이 라라브레드의 성공 비결이자 내가 '자산가'라고 불리는 사람이 된 핵심이다.

그러나 이면의 산 건물 아무거나 사서 될 일이 아니다. 이면의 건물 중에서도 숨겨진 보물 같은 건물은 따로 있다. 그래서 '이면을 보는 눈'이 필요하다. 나 역시 처음부터 이런 눈이 있었던 것은 아니다. 아니, 애초에 '흰자'에 관심을 두게 된 것도 빼어난 전략가라서가 아니라 도로변은 비싸서 살 수 없다 보니 어쩔 수 없이 택한 길이었다. 주택을 사서 신축이나 리모델링을 한 것도 마찬가지다. 그러고 싶어서 그랬다기보다는 원래 이면에는 주택이 많으니 그렇게 할 수밖에 없었다.

이면의 건물을 고를 때 반드시 따져야 할 기준이 몇 가지 있다. 가격이 비싸지 않아야 한다는 점이나 적절한 평수여야 한다는 것, 불법건축물이 아니어야 한다는 것, 부동산 용도가 내 사업이 가능한 곳이어야 한다는 것 등의 너무도 당연한 이야기는 굳이 길게 설명하지 않겠다. 대신 다음의 네 가지 정도는 충족해야 한다.

첫째, 건물 앞에 자동차가 양쪽으로 오갈 수 있는, 적어도 6미터 이상의 도로가 있는 게 좋다. 간혹 3미터 정도면 된다는 사람도 있는데, 운전을 해봤으면 알겠지만, 그런 도로에서는 맞은편에서 차가 오면 서로 곤란해진다. 손님이 우리 가게를 찾아올 때마다 그런 불편함을 겪지는 않아야 한다.

둘째, 이면이라 해도 최대한 건물의 '면'이 잘 보여야 한다. 그러려면 더 높은 건물들에 둘러싸여 있어서는 안 된다.

셋째, 이면이라고는 해도 그 지역 사람들이 많이 다니는 길이어야 한다. 흔히 '골목'이라고 해도 사람들이 많이 다니는 길은 따로 있다. 지도를 살펴보면 대략 감이 오기도 하지만, 자주 가서 실제로 보고 파악해야 한다. 비록 이면의 도로지만 그 동네 사람들이 자주 오가는 길임을 파악했기에 라라브레드 잠실점을 주택가에 열면서도 불안하지 않았다.

넷째, 주차가 편해야 한다. 이면에 자리 잡는 이상 필연적으로 손님들이 '찾아오게' 만들어야만 한다. 요즘은 SNS에서 보고 찾아오거나 검색해서 오는 손님도 많다. 그중에는 직접 운전해서 오는 분도 많기 때문에 주차가 불편하면 요즘은 장사하기 힘들다. 주차할 공간을 충분히 마련하기 어렵다면, 주위에 주차가 가능한 곳을 확보해두어야 한다.

이 밖에도 다른 요소들이 더 있지만, 최소한 이 정도는 만족해야 가치 있는 '흰자'다.

요즘에는 번화가가 아닌 주택단지 내에도 신축이나 리모델링을 해서 2, 3층짜리 예쁜 건물을 만드는 경우가 흔하다. 서울은 인구밀도가 높아서 사실상 어디든 수요는 있다. 오래된 빌라촌에 사는 사람들이라고 분위기 좋고 맛있는 핫플레이스에 대한 니즈가 없겠는가? 집 근처에 그런 곳이 없으니까 쉽게 가지 못할 뿐이다. 파주나 양평 같은 곳에는 크고 좋은 카페가 많지만, 그런 곳은 시간도, 비용도 많이 필요하니 큰맘 먹고 가야 한다. 그런 곳만큼 좋지는 않더라도 편하게 걸어서 갈 수 있는 거리에 비슷한 정도만 되는 카페만 있어도 찾아온다. 라라브러드는 바로 그런 점을 파고들어 주택가의 '흰자'를 노려 성공한 것이다. 이는 비단 카페만이 아니라 어떤 업종이든 가능한 전략이다.

### 흰자 전략으로 성공한 라라브레드

'흰자 전략'이 정확히 어떤 것인지 이해를 돕기 위해 내가 운영하고 있는 라라브레드 성공사례를 책에서 처음으로 소개한다. 참고로, 자세한 사례는 부록에 담았으니 확인해보기 바란다.

#### 1. 송정점: 흙 속의 진주

라라브레드 잠실점 성공 후 2호점을 열고 싶었다. 콘텐츠와 마케팅에 자신이 있었으니 어지간한 곳에서는 성공할 자신감은 있었다. 다만 그럼에도 어디에 2호점을 열 것인지 쉽게 결정하지는 못했다. 그러나 준비된 자에게 기회가 온다던가. 그 기회는 고향인 광주 송정에서 우연히 찾아왔고, 나는 놓치지 않았다.

하루는 광주에 갔다가 기차 시간이 남아서 광주송정역 주변을 천천히 산책하던 중, 역에서 5~6분 정도 거리에서 앞뒤로 붙어있는 작은 집 두 채를 보았다.

"어! 건물 예쁜데?"

두 채를 합쳐서 리모델링만 잘하면 2~3층짜리 예쁜 단독 건물이 될 것 같았다. 구청 뒤편으로, 주위가 재개발 동네라 부동산 거래량이 활발하지도 않았고, 역에서는 가까운 편이지만 주위에 아파트가 많은 것도 아니라서 정석적인 기준에서는 좋은 입지가 아니었다. 그러나 나는 콘텐츠와 마케팅에 자신이 있었기 때문에 이곳이 '진흙 속의 진주'로 보였다.

그렇게 보니 단점도 장점으로 보였다. 기차역에서 가까우니 외지인도 오갈 만한 곳이고, 상업지인 만큼 건물을 높게 올릴 수 있다. 2층밖에 못 올리는 것과 5층까지 올릴 수 있는 것은 가치에서 하늘과 땅 차이이다. 게다가 당시 주변에는 주꾸미 가게나 삼겹살집 같은 식당만 있을 뿐, 흔한 베이커리나 카페 하나 찾아보기 힘들었다. 여기에 2호점을 열면 동네 사람들뿐 아니라 광주송정역을 이용하는 사람들도 끌어올 수 있겠다는 생각이 들었다. 비싼 도로변에 열 돈을 차라리 마케팅에 쏟아서 내 건물의 가치를 직접 올리는 게 낫겠다

싶었다.

다만 여기에 2호점을 열려면 두 채를 모두 사서 하나로 합필을 해야 했는데, 책에서 보고 처음으로 시도하는 아마추어인 나로써는 이 과정이 쉽지 않았다. 특히, 좋은 땅을 찾아도 건물주가 팔지 않으려 하면 상황이 어려워진다. 그러나 건물주도 사람인 이상 안 되는 일은 없는 법이다. 팔지 않으려는 건물주를 설득하는 것도 레버리지 서클의 '훤자 전략'에서는 필수다. 그 방법은 뒤에서 다시 설명하겠다.

### 2. 공릉점: 실수도 기회가 된다

연남동에서 소위 '공트럴파크'가 뜬다는 기사를 접하고 무작정 찾아갔다. 부끄럽지만, 마음만 앞섰던 나는 그만 실수로 공덕동이 아닌 공릉동으로 가고 말았다. 전혀 다른 곳인데 헷갈리고 만 것이다. 그곳은 '경춘선숲길'이라고, 청량리 쪽으로 나 있는 공원이었다.

"아, 여기가 아니구나!"

실수에 스스로도 민망할 지경이었다. 그러나 어쨌든 여기까지 온 김에 동네나 둘러보고 가자는 생각에 천천히 산책을 했다. 낡은 주택가였고, 파리바게뜨나 뚜레쥬르 같은 프렌차이즈 베이커리 하나 없었다. 심지어 편의점도 없이 공원만 달랑 있었다. 인근에 과학기술대와 육군사관학교 같은 학교들이 있었지만, 학생들이 주로 지나는 길목도 아니었다. 다만 폐철길을 공원으로 만든다고 하니 호기심에 여가를 즐기러 오는 사람이 제법 있긴 했다.

찬찬히 보다 보니 어떤 건물이 눈에 띄었다. 딱히 특이할 것 없는 허름한 주택이었다. 다만 사람이 많이 다니는 사거리에 있었고, 마침 바로 앞이 주차장이라 막히는 것 없이 멀리서도 건물이 잘 보였다. 옆의 편의점에 딸린 주차장이니 그 자리에 새로 건물이 올라올 것 같지도 않았다.

그 순간, 저 주택 자리에 라라브레드를 열면 잘될 거라는 확신이 들었고, 결국 공릉점을 오픈해 성공했다.

라라브레드 공릉점은 실수가 오히려 기회로 돌아온 전화위복 사례다. 실수로 찾아간 곳에서 좋은 건을 찾아냈으니 말이다. 그러나 순전히 운이었다고는 볼 수 없다. '이면을 보는 눈'의 기준이 명확해야 그에 맞는 건물을 찾아낼 수 있고, 우연히 발견했다 해도 놓치지 않을 수 있다. 돌이켜보면 그 땅도, 그 주택도 '장사할 땅'이었다. 다른 사람들은 이를 알지 못했거나 중간에 포기했을 뿐이고, 나는 그 땅의 가치를 파악하고 매입해서 장사를 했을 뿐이다. 사실상 그 동네, 그 자리는 그런 가게가 필요했던 셈이다.

땅은 생물과도 같아서 규격화된 것이 아니라 제각각이다. 그래서 일률적으로 적용하기는 어렵지만, 콘텐츠와 디벨롭 능력만 있다면 성공은 어렵지 않다.

'장사는 목이 전부'라는 말이 있는데, 대개는 그 '목' 안에서 입지와 상권을 분류한다. 입지라는 개념 안에 건물이 위치하는 것이다. 전체로 봤을 때

이 '입지'에 영향을 미치는 '상권'을 고려해 건물을 골라야 한다. 그러나 목도 좋고 괜찮은 자리인데도 제대로 활용하지 못하는 건물이 적지 않다. 송정점이나 공릉점 모두 낙후하고 큰 가치를 인정받지 못하는 곳이었지만, 나는 '훤자 전략'을 통해 그곳의 잠재된 가치를 파악했고, 실제로 그 가치만큼 가격이 오르게 만들었다.

우리나라 건물의 70% 이상이 여전히 구축이라고 한다. 다시 말해 기회는 그만큼 많다. 지금 당장은 가치가 낮아도 콘텐츠를 잘 활용해 높일 수 있다. 그 핵심이 되는 '훤자 전략'과 이를 가능하게 하는 '이면을 보는 눈'을 잘 알아야 하는 이유다.

# 안 팔려는 건물주
# 설득하는 법

 송정점 사례에서도 잠깐 이야기했지만, 흰자 전략에 딱 맞는 건물을 찾아 낸다 해도 건물주가 팔 마음이 없으면 상황이 복잡해진다. 이면에는 아예 관심을 두지 않는 사람이 대부분이고, 기껏 맘에 드는 건물을 찾고도 이런 상황이면 90%는 포기한다. 하지만 그렇기에 오히려 더욱 유리하다. 이면에 관심을 두는 사람도 적은데 포기하지 않는 사람은 더욱 적으니 경쟁률이 매우 낮은 시장인 셈이니 말이다. 사실 건물주도 다 사람이고, 사람이 하는 일은 변수를 만들어내기 쉽다. 끈기와 의지만 있다면 모두가 만족할 만한 결과를 낼 수 있다. 이제 그 이야기를 해보려 한다.

### 부동산 중개인도 사람이다

흑자 전략을 제대로 쓰려면 부동산 중개업자, 특히 '동네부동산'과 '중개법인'을 잘 활용해야 한다. 동네 부동산은 쉽게 말해 그 지역에서 잔뼈가 굵은 공인중개사고, 중개법인은 건물을 주로 다루는 부동산 중개업체다. 중개법인을 이용하면 내가 원하는 조건에 가까운 물건 정보를 계속 보내준다. 이미 다양한 분석을 거쳐서 나오는 정보이므로 큰 도움이 된다.

그러나 우리가 원하는 건물은 건물주가 대부분 동네 부동산에 내놓는 경우가 많고, 중개법인도 그 정보를 활용하는 경우가 많다. 그러니 동네 부동산에 물건이 나왔을 때 최대한 빨리 사는 게 가장 싸다. 대신 중개법인은 세무나 가설계 같은 서비스까지 해준다는 장점이 있다. 로컬부동산은 그 자리에서만 오래 영업해왔기 때문에 물건이 한정적이고 정보가 약간 어두우며, 레버리지 개념조차 모르는 경우도 있다.

동네 부동산을 공략하는 방법은 몇 가지가 있는데, 그중 하나가 뜨내기처럼 보이지 않는 것이다. 우선 네이버 부동산 같은 데서 건물을 검색해 그 지역 부동산 정보와 함께 나오는 중개사들이 물건을 얼마나 확보하고 있는지를 본다. 물건을 많이 가지고 있는 곳이 그래도 일 잘하는 곳일 가능성이 큰데, 이때 그들이 가진 물건의 정보를 최대한 공부하고 가야 허탕을 안 친다. 뜨내기로 보이면 좋은 물건보다는 안 팔리는 물건 위주로 보여준다. 그래서 일단 처음부터 관계를 잘 맺어놓고, 그 중개사들과 유대관계를 유지하는 것이 좋다.

온라인으로만 부동산을 검색하는 것과 부동산 중개인을 만나서 들을 수 있는 이야기는 다르다. 그 건물이 왜 그 가격에 나왔는지, 온라인에서는 알 수 없는 사연이 있을 수도 있다. 예를 들어, 현 세입자와 사이가 좋지 않아 명도에 애를 먹고 있다거나, 건물주의 부모님이 돌아가셔서 상속세 때문에 급매로 내놓았다는 등, 현장에서 얻을 수 있는 정보도 요긴하다. 실제로 로컬부동산을 자주 다녀보면 수백억대 자산가 사모님들이 자주 놀러와서 동네 사랑방처럼 머무는 모습을 나는 자주 목격했다

그래서 동네 부동산에서 성공전략 중 하나는 방금 말한 사모님처럼 '화이트리스트 되기'다. 좋은 물건은 본래 조용하게 거래되는 법이다. 싸고 좋은 물건은 중개인이 자신이나 지인이 사기도 하는데, 그럴 만한 사람이 없으면 다음 사람에게 기회가 온다. 바로 이 '다음 사람'이 되는 것이 '화이트리스트 전략'이다.

동네마다 터줏대감이라 할 만한 부동산 업체가 있게 마련인데, 그런 곳에는 생각보다 싼 물건이 나올 때가 있다. 이런 부동산을 끈질기게 찾아다녀야 한다. 이때, 내가 간만 보는 사람이 아니라 정말로 살 수 있는 사람이라는 믿음을 주는 것이 중요하다. 그래야 '다음 사람'이 될 수 있다. 지인 중에는 아직도 이 방법을 쓰기 위해 수천만 원을 현금으로 들고 다니는 사람도 있다. 계약금을 지금 당장 보내줄 수 있는 사람임을 보여주는 것이다.

라라브레드 망원점을 살 때 일이다. 나는 라라브레드의 빵을 한아름 들고

동네 터줏대감 부동산을 찾아갔다. 그리고 내가 믿을 만한 사람이라는 것을 알리려고 '서민갑부' 등 매체에 출연한 사람임을 알렸고, 이후로도 수시로 빵과 음료를 들고 찾아가 인사했다. 그랬더니 어느 날 연락이 왔다. 주변 시세보다 평당 1천만 원 이상 싸게 나온 물건이 있다는 것이다. 망리단길 메인에 있는 데다 삼면이 다 보이는 건물이라 딱 좋았다. 이미 주변 시세 조사도 끝났고, 건물에 하자나 법적 문제가 없다는 걸 확인하자마자 나는 고민 없이 그 건물을 샀다.

## 팔지 않겠다는 건물주도 언젠가는 마음을 돌릴 수 있다

등기부등본에는 건물의 기본적인 사항 외에도 중요한 정보가 있다. 가령 가압류나 대출 등이 다 나와 있다. 이를 통해 건물주가 심적으로 어떤 상태일지 추측해볼 수 있다. 특히 나이가 지긋하신 분이라면 조만간 자녀에게 물려주거나 팔 가능성이 크다. 자식들은 상속받더라도 세금 낼 돈이 없으면 그냥 파는 경우가 많기 때문이다. 특히 '횐자 전략'에 들어맞는 낡은 주택의 건물주는 어르신일 때가 많으니 유용한 정보다.

송정점과 공릉점도 둘 다 마침 70대 할아버지 건둘주였다. 등기부등본에는 건물주의 실거주지와 이름도 나와 있는데, 나는 이분들이 물건을 내놓지 않았음에도 꼭 이곳에서 사업을 해보고 싶은 청년임을 강조하는 손편지를 썼다. 이때, 부동산 중개인으로 오해받으면 큰일이다. 어르신들은 기본적으로 부동산 중개인을 불신하고 싫어하시는 경우가 많기 때문이다. '직거래'를 하면 여러모로 유리한 점이 있으니 이 점도 강조했다.

처음에는 어떻게 알고 연락을 했느냐, 팔 생각 없으니까 다시는 연락하지 말라며 화를 내셨지만, 나는 주기적으로 연락을 드리고 선물도 보내드렸다. 직접 찾아뵙기도 했다. 지엽적인 내용까지 담자면 너무 길어지니 생략하겠지만, 차차 어르신들의 마음을 녹였고, 나중에는 함께 술도 한잔할 정도로 가까워졌다. 그리고 결국은 그분들도 만족할 만한 가격에 건물을 샀고, 두 지점 모두 큰 성공을 거두었다.

다만 여기서 주의해야 할 점이 있다. 직거래에는 장담점이 있다는 것이다. 우선 수수료를 줄일 수 있다는 것이 장점이다. 수억 원이 오가는 거래인 만큼 1%만 해도 수백만 원의 차이가 생긴다. 직거래를 하게 될 정도면 건물주와 어느 정도 믿음이 생긴 상황이므로 일 처리도 더 빨라진다. 단, 건물주가 가격을 갑자기 올리는 등의 돌발 상황은 더 자주 일어난다. 그래도 동네마다 시세라는 게 있으니 앱이나 사이트에 나와 있는 호가에서 크게 벗어나는 일은 없다. 이 과정에서 일종의 '심리전'이 작용한다. 돈이 너무 많은 사람처럼 보이면 가격을 올릴 가능성이 있으니 주의해야 하고, 나에게도 다른 대안이 있는 것처럼 떠볼 줄도 알아야 한다. 이런 점은 공부와 경험이 필요하다.

또한, 실제 계약은 반드시 라이선스가 있는 중개사를 통해 진행해야 한다. 그래야 불안함도 줄고, 어차피 실거래 신고도 해야 하기 때문이다. 동네 부동산 중개사에게 약간의 수고비를 주면 써주는데, 10만~20만 원 정도 든다. 중개사 본인 동네에서 자신을 건너뛰고 진행하니 싫어할 것 같지만, 의외로 그렇지 않다. 심지어 특약 사항까지 꼼꼼하게 신경 써주기도 한다. 생각해보면 그들은 항상 쓰던 계약서 하나 대신 써주고 그 정도 돈을 버는 것이니 남는 장사다. 이렇게 중개사가 계약서를 써줘야 법적 문제에서도 내 책임이 줄어들게 되니 명심하자.

# 작은 손해 피하려다
# 큰 이득을 놓친다

　부동산과 사업에는 여러 공통점이 있다. 빠른 실행력이 중요하지만, 큰 그림을 보고 작은 손해를 감수하는 결단력이 필요하다는 점도 같다. 직거래 시 계약서는 반드시 공인중개사를 통해 작성하라는 것도 큰 그림을 봐야 한다는 원칙과 연결된다. 계약서를 직접 썼다가 문제라도 생기면 수천만 원에서 수억 원이 날아가기도 한다. 고작 10여만 원 아끼려다가 그야말로 봉변을 당할 수도 있다. 이런 돈은 '손해'가 아니라 반드시 필요한 '비용'으로 보고 투자하는 것이 맞다. 또한, 조금이라도 손해를 덜 보려다가 그보다 훨씬 큰 이익을 놓치는 경우도 허다하다. 그게 얼마나 비합리적인 행동인지, 조금의 손해를 감수하고 훨씬 큰 이득을 노리는 것이 얼마나 좋은 전략인지 알아야 한다.

## 1억 원을 투자해서 3억 원을 벌 수 있다면?

광주 송정에서 마음에 드는 건물을 찾았을 때, 나는 일단 이런저런 조사를 해봤다. 도로에 인접해 가치가 높은 집은 70대 할아버지가 건물주가 살고 계셨고, 도로와 접하지 않은 뒤쪽 집은 비어 있었다. 이어서 주위 시세 등을 조사한 후 건물주를 찾아갔다. 건물주는 군인 출신으로 포탄 때문에 청력이 좋지 않은 할아버지였다. 나는 직거래를 제안했고, 할아버지는 대뜸 물으셨다.

"얼마 줄 건데?"

주위 시세는 평당 800만~900만 원 정도였다. 이런 노후한 주택을 가진 어르신들은 동네 부동산에 수시로 건물을 내놓기 때문에 시세를 대략 알고 있으니 속이려 들어서는 안 된다. 나는 주변 시세의 최고가에 맞춰 900만 원을 제안했다. 할아버지는 잠시 고민하시더니 할머니와 이야기를 나눠보겠다고 하셨다.

이후 뜨뜻미지근한 분위기에서 시간이 흘렀다. 나는 명절 때 인사도 드리고 맛있는 것도 사다 드리면서 지속적으로 연락을 이어갔다. 그리고 마침내 3개월쯤 지났을 때, 할머니께서 지원사격을 해주셨다. 겨울마다 추위 때문에 웃풍으로 고생하는 것도 지긋지긋하다면서 더 나이 들기 전에 아파트에서 살아보고 싶다고 말씀하신 것이다.

할아버지는 못 이기는 척 이사를 가자고 하셨지만, 평당 100만 원을 올린 천만 원을 부르셨다. 주위 시세보다 100만~200만 원 비싸게 부르신 셈이다.

자, 이런 상황이라면 어떻게 하겠는가? 다시 가격을 깎겠는가? 아니면 포기하겠는가? 내가 본 사람은 대부분 둘 중 하나였다. 그러나 여기에는 반전이 있다. 앞서 말했듯이 나는 두 개의 필지를 사서 합필하려고 계획했는데, 이 뒤쪽 건물은 길가가 아니라서 시세가 매우 낮았다. 합필의 좋은 점은 이런 두 개의 필지를 하나로 합치면 가치가 낮았던 곳도 가격이 상승한다는 것이다. 생각해보면 당연하다. 원래는 도로와 인접해 있지 않은 건물이었지만, 하나의 필지로 합쳐서 같은 건물이 되면 도로에 인접한 곳이 된다. 그러니 가격이 오를 수밖에 없다. 그리고 당시 내가 같이 사려고 했던 건물은 시세가 매우 낮았기 때문에, 두 건물을 같이 사면 평당 700만 원 정도에 불과했다. 반면 합필을 하면 그것만으로도 평당 1천만 원까지 오를 테니 오히려 나는 평당 수백만 원을 아끼는 셈이었다.

이런 점을 설명해줘도 당장 1000만 원 정도 아끼려고 건물주를 설득하다가 나중에는 서로 감정이 상해서 계약이 틀어지는 사람도 많다. 크게 보자면, 1000만~2000만 원 아끼려다가 오히려 3000만~4000만 원을 손해 보는 셈이다.

공릉점도 비슷한 상황이었다. 시세가 2200만 원이었는데 건물주 할아버지가 막판에 2400만 원으로 말을 바꾸셨다. 갑자기 이런 상황이 되면 누구나 기분이 상하게 마련이다. 그러나 감정대로 행동해서 좋은 결과가 나오는 일은 거의 없다. 나는 송정점 때와 마찬가지로 머릿속으로 대략적인 계산을 끝냈고, 그 제안을 수용했다. 이미 수지분석을 해봤으니 그 정도 올려준다 해도 득보다 실이 컸기 때문이다. 올려준 돈이 전체 1억 원이라 해도 나에게 돌아오는 수익이 2억 원이라면 안 해줄 이유가 없지 않은가.

### 결국, 다 사람이 하는 일이다

상암점도 합필 전략을 사용했고, 과정에서 작은 손해를 감수해 큰 이득을 보았다. 일단 그곳은 호재가 많은 지역이었다. 디지털미디어시티$^{DMC}$역에서 가까웠고, 재개발·재건축을 비롯해 인근의 수색역 개발 호재도 있었고, 복합쇼핑몰도 들어설 예정이었다. 더욱이 옆에 주차장이 있어서 잘 보이는 건물이라 마음에 쏙 들었다. 이때도 합필할 생각이었는데, 앞 땅의 면적이 뒤쪽 땅보다 작았지만, 평당 가격은 2배에 가까웠다. 이는 합필하면 뒤쪽 땅의 가치가 지금보다 2배 정도로 오를 것이라는 의미다.

먼저 앞집 가계약을 마치고 뒷집을 거래했는데, 두 집에 이 사실을 모르게 진행했다. 내가 합필을 하려 한다는 사실을 알게 되면 뒷집 주인도 가격을 올려 받으려 할 것이기 때문이다. 합필 사실을 숨기는 것이 건물주에게 부당한 행동도 아니었다. 어차피 그분은 정해진 시세가 있고, 나는 그 이상을 줄 예정이니 말이다.

재미있게도 앞집 주인은 나더러 뒷집을 같이 사야 돈이 될 거라고 말해 줬다. 심지어 뒷집 주인도 계약할 때 같은 말을 했다. 그들도 합필하면 좋다는 것쯤은 알고 있었던 것이다. 다만 이들은 레버리지를 활용할 줄 몰랐거나, 그럴 마음이 없었던 것뿐이다.

상암점 계약의 암초는 사실 명도였다. 1층에 골뱅이집이 있었는데, 사장님이 죽어도 안 나가겠다고 버텼다. 알고 보니 건물주와 워낙 사이가 좋지 않았다. 그래서 자신에게 득이 될 게 없는데도 건물주를 괴롭히려고 소위 '알박기'를 한 것이다. 건물주는 원래 동네 부동산에 내놨었는데, 골뱅이집 사장님이 절대로 안 나간다고 으름장을 놔서 부동산도 사실상 포기한 상태였다.

이 골뱅이집 사장님을 보면서 내가 잠실에서 당했던 갑질이 떠올라 마음이 좋지 않았다. 나는 이 골뱅이집 사장님을 몇 차례 찾아가 일을 도와드리며 이런저런 대화를 나누었다. 둘 다 장사를 오래 해온 사람이라 대화가 잘 통했고, 이내 술까지 한잔하게 됐다. 나는 진심으로 그분의 상처 받은 마음을 달래주었고, 그러면서도 최대한 감정을 배제하고 이성적으로 이야기를 들어드렸다.

그렇게 가까워지고 나니 이 사장님은 건물주가 밉지만 나를 생각해서 나가주겠다고 했다. 다만 오랜 세월 건물주에게 시달린 억울함 때문인지 명도비로 1억 원을 요구했다.

물론 나도 당황했다. 1억 원이 적은 돈은 아니니까. 그러나 이내 그 요구를 받아들였다. 이 역시 수지분석이 끝난 상황이었고, 1억 원을 줘도 충분히 이득을 볼 수 있다는 판단이 들었기 때문이다. 그렇다고 무조건 명도비를 있는 대로 퍼주고 내보내야 하는 것은 아니다. 수지분석을 통해 나온 사업 전체 수익과 비용을 고려해 결정하면 된다.

이 과정에서 결국은 모두가 웃을 수 있었다. 나는 원하는 건물을 샀고, 이전 건물주는 드디어 건물을 팔게 됐으며, 골뱅이집 사장님은 손익분기점을 넘기고도 뜻하지 않은 1억 원을 벌었으니 말이다.

이처럼 건물을 사고파는 것도 모두 사람이다. 부동산은 투자가 아니라, 사업 마인드가 중요하다고 말하는 이유가 여기에있다. 사람이 하는 일을 단순히 숫자만으로 생각해서는 안 된다. 숫자는 판단의 근거일 뿐, 결국 사람의 마음을 움직여야 그 숫자가 우리 것이 된다. 특히 자영업자인 우리는 사람을 중심에 두고 접근해야 한다. 그게 우리의 강점임을 잊지 말자.

# 사소한 것을 놓치면
# 큰 손해를 본다

 장사하는 사람이라면 누구나 공감할 만한 이야기가 있다. 꼭 큰 사건이 있어서가 아니라 아주 사소하고 기본적인 것들이 부족해서 떠나는 손님이 더 많다는 것이다. 테이블이 덜 닦여서 끈적거리는 소스가 옷에 묻은 손님은 음식을 먹기도 전부터 이미 다시는 여기 안 온다고 결심한다. 주문하려고 부르는데 직원이 듣는 척도 하지 않고 핸드폰만 들여다보고 있으면 손님은 떠난다. 음식에서 머리카락이라도 하나 나오면 요즘 같은 시대에는 가게가 망할 수도 있다. 모두 정말로 사소한, 기본 중의 기본을 놓쳤기 때문에 일어나는 일이다.

 건물주도 마찬가지다. 별것 아니라고 여길 만한 사소한 것 하나 놓치면 큰 손해로 돌아온다. 앞서 말한 '작은 손해 피하려다가 큰 이득을 놓친다'와 마찬가지다. 큰 그림을, 숲 전체를 보는 것도 중요하지만, 절대로 나무 하나하나도 허투루 여겨서는 안 된다.

### 개인보다 법인

부동산은 통상적으로 취득-보유-처분-재투자로 이어지는 4단계를 거친다. 개인으로서도 이 4단계를 진행할 수 있지만, 나는 가능하면 부동산 법인을 설립할 것을 권한다. 몇 가지 이유가 있지만 가장 큰 부분은 세금 때문이다. 개인이 취득할 때는 편하지만, 일단 매입한 이후부터는 부담이 커진다. 개인은 종합소득세를 내야 하니 세금의 영향에서 벗어나기 힘들다. 반면 법인은 법인세만 내면 된다. 똑같이 누진세[2]를 적용받지만, 개인의 종합소득세는 금액 구간이 촘촘하다. 반면 법인은 금액 구간이 매우 넓어, 2억 원에서 200억 원까지 같은 세율이 적용된다. 보통 20%로 계산하면 된다.

물론 법인에도 단점이 있긴 하다. 우선 번거롭다. 설립하는 과정도 번거롭고, 세무사에게 기장도 맡겨야 한다. 등기부터 이사, 지분율, 감사, 발기인 등 따져야 할 게 많다. 또한, 번 돈을 쓰는 것도 개인사업자보다 까다롭고 마음대로 쓸 수 없다. 그러나 이런 단점보다는 혜택이 훨씬 크다. 우선, RTI[3]를 받지 않는다. 적은 자기자본으로 대출을 훨씬 많이 받을 수 있으니 좋은 상권

---

2  과세 대상의 값이 커질수록 높은 세율을 적용하는 세금. 법인세, 소득세, 상속세 등이 있다.
3  Rent to Interest: 연간 이자 비용 대비 임대 소득 비율. 즉, 임대업 이자 상환 비율.

의 건물을 매입하기 유리하다. 개인사업자는 매출이 어지간히 나오지 않는 이상 신용등급 평가가 나오지 않으므로 은행에서 별로 인정해주지 않는다. 반면 법인은 신용등급 평가가 나오며, 해당 법인을 통해 부동산 자산을 취득하고 꾸준히 실적을 쌓으면 낮은 금리로 큰 금액을 대출받을 수 있다. 은행은 원래 신용에 따라 움직이는 법이다.

실보다 득이 크니, 만약 건물주가 된 후로도 부동산에 꾸준히 관심을 둘 생각이라면 법인 설립을 생각해보길 바란다. 요즘에는 심지어 설립 과정도 간결해졌다. 예전에는 법무사를 통해서만 설립할 수 있었지만, 지금은 헬프미나 자비스 같은 곳에서 온라인으로 20만 원 정도면 설립 가능하다.

## 은행 대출 꿀팁

금리가 오르면서 은행에서 예전에는 수월하게 통과했던 것도 이제는 더 깐깐해지고 있다. 채무와 신용점수에 따라 은행은 예전보다 대출을 거절하는 경우가 많아졌다. 더욱이 거래가 처음이라면 말할 것도 없다. 은행으로서는 이 신규 업체나 법인에 대한 자료마저 없으니 가뜩이나 까다로운 심사를 더욱 까다롭게 하는 것도 당연하다.

보통은 대출이 필요하면 주거래은행에서 담보 대출을 받으려 한다. 그러나 주거래 은행만 고집할 필요는 없다. 여러 은행을 다녀보고 심사를 받아야 더 좋은 조건에 더 큰 금액을 대출받을 가능성이 커진다.

대출이 나오는 시기도 어느 정도 여유를 두어야 한다. 잔금을 치르기

1~2주 전에 심사가 끝나지 할 수 있다면 딱 좋다. 항상 만약의 상황에 대비해야 하기 때문이다. 대출이 될 거라는 은행 직원 말만 믿었는데 막상 심사에서 떨어질 수도 있다. 하루라도 이자를 덜 내겠다고 대출 신청을 최대한 늦췄다가는 대출이 나오지 않아 잔금을 치르지 못해 건물을 사지 못할 수도 있다. 이 경우 계약금까지 잃을 수 있으니 더욱 조심해야 한다. 반면 1~2주 정도 여유를 뒀다면 다른 방법을 찾아볼 수 있다. 다른 곳에 대출을 신청하거나, 이자를 더 주더라도 제2금융권을 이용해 급한 불을 끄는 등 방법은 찾아보면 있다. 그러나 이런 상황에 몰리는 것 자체가 큰 리스크이므로, 가능하면 잔금 치르기 1~2주 전에 심사를 완료할 수 있게 한다는 원칙을 지키는 것이 좋다. 만약 그때까지 심사가 안 될 것 같으면 은행원을 찾아가 서둘러달라고 요청이라도 해보자. 의외로 그렇게 해주는 은행원도 있다. 대출받을 때 괜히 '을'이 되는 것만 같아서 주눅 들기보다는 내가 필요한 것은 요구할 줄 알아야 한다.

　은행 본사에는 대출 심사를 실질적으로 담당하는 심사역이 있는데, 결국 이 사람을 만족시켜야 한다. 그러니 대출 심사역 입장에 서서 생각해보고, 그들이 만족할 수 있도록 서류도 최대한 꼼꼼하게 준비하는 것이 좋다. 특히 사업계획서를 꼼꼼하게 잘 써야 한다. 사업계획서는 말하자면 개요도인 셈이다. 건물은 얼마에 샀고, 자기자본은 얼마고, 몇 평을 설계했는데 사용은 어떻게 할 예정이며, 그러려면 얼마가 필요하니까 대출을 해달라. 이런 사항들을 실현 가능한 수준에서 최대한 세세하게 쓰고 데이터까지 첨부하길 권한다. 특히, 내가 건물을 직접 쓸 예정이라고 하면 대출 가능성이 커진다. 내 사업 매출이 높다는 것만 증명한다면 심사역도 안전하다고 평가할 테니 말이다.

이 외에도 은행을 방문할 때는 휴가철이나 명절, 대체공휴일이 끼어 있는 시기를 피하는 것이 좋다. 이때는 은행 직원들이 휴가를 가기도 한다. 잔금 일정을 타이트하게 잡아놨는데 담당 직원 휴가와 겹치면 일정이 늦어질지도 모른다. 그래서 이런 상황에 대비해, 건물 매입 계약서를 쓸 때 '대출 심사로 인해 잔금을 일부 유예할 수 있다'는 사항을 추가하는 것도 방법이다. 그렇게 2주 정도만 여유가 생겨도 심사에서 떨어졌을 때 다른 은행에 다시 시도할 수 있다. 참고로 은행원의 말을 다 믿지는 마라. 대출 문제없다고 승인났다고 해도 갑자기 내외부적인 어떤 요인으로 대출이 안 될 수도 있다.

대출 레버리지 없이는 건물주가 되기 어렵다. 그게 현실이다. 그러니 대출이 두려워서 건물주가 되기를 포기하기보다는 대출을 잘 이용하는 방법을 알아보자. 그게 젠트리피케이션과 건물주의 갑질에서 벗어나 건물주가 되는 길이다.

# 7장
## 적은 돈으로 건물주 되는 공동투자 노하우

'월세를 밀리지 않을 만큼의 매출을 1년 이상 지속해 올린 자영업자'를 건물주 되기 위한 조건이라 했다. 그러나 이는 '최소한의' 조건일 뿐이다. 정확히 말하자면, '건물주가 되는 편이 월세 내면서 장사하는 것보다 나은 자영업자'의 기준에 가깝다. 레버리지를 활용한다 해도 건물주가 되려면 적잖은 돈이 필요한데, 이를 모으지 못한 사람도 많기 때문이다. 실제로 컨설팅을 해보면 매출이 꽤 높고 2~3년간 지속해왔지만, 모아둔 돈은 그리 많지 않은 사람도 적지 않다. 그러나 포기할 필요는 없다. 적은 돈으로도 건물주가 되는 방법 또는 그 중간 단계를 밟는 방법은 있기 때문이다.

# 건물, 꼭 혼자서
# 살 필요는 없다

 2014년, 연남동의 한 골목에 독특한 건물이 생겼다. 소상공인들 사이에서 이 건물이 화제가 된 것은 크게 세 가지 이유였다. SNS로 계약 신청을 받는다는 점과 입점하고 싶으면 프레젠테이션을 통과해야 한다는 점, 입점 후 5년 동안 임대료가 그대로 유지된다는 점이었다. 저렴한 임대료를 5년간 유지해준다니, 장사하는 사람들에게 이보다 매력적일 수 없다. 당연히 수많은 자영업자가 몰렸고, 제법 높은 경쟁률을 뚫고 책방, 공방, 1인 미용실, 스탠딩 바 등 규모는 작지만 개성이 뚜렷한 가게들이 입점했다. 이 건물의 이름은 '어쩌다가게'다.

 각자 상점을 운영하지만, 이들은 '이웃'이었다. 스탠딩 바에서 구입한 맥주를 건물 내 구내식당이나 카페에서도 마실 수 있었다. 또한, 다른 층에서 만든 초콜릿과 가방을 1층 카페에서 위탁 판매하거나 함께 메뉴와 상품을 개발

하기도 하는 등 입주민들이 자발적으로 협업해 시너지를 내기도 했다. 동결된 임대료 덕분에 소상공인들은 좀 더 멀리 내다보며 미래를 계획할 수 있었다.

언론에서도 많은 주목을 받으며 젠트리피케이션의 하나의 대안으로서 상생을 도모한 '어쩌다 가게'에도 한계는 있었다. 임대해서 공사 후 재임대하는 방식을 취했기 때문에 시간이 갈수록 오르는 땅값과 임대료를 견디지 못한 것이다.

1호점은 초기 임대료가 주변보다 좀 높았지만, 주변 임대료가 계속 상승하니 자연스럽게 낮은 임대료가 되어버렸다. 5년이 지나고 재계약 시점에는 임대료가 감당할 수 없는 수준으로 올라버렸다. 이들도 지역의 땅값 상승에 따라 상업 환경을 안정적이고 지속가능하게 하려면 자산화가 필요하다는 것을 깨달았다고 한다.[4]

2016년, 망원동에 만든 2호점은 사회투자기금으로 지원을 받아 건물을 짓는 방식으로 변경했다. 좋은 의도로 시작했지만, 자본주의의 벽을 허물지 못한 셈이다. 의도만으로는 결과를 만들 수 없다. 그 의도를 실현할 방법이 있어야 한다.

달걀을 한 바구니에 담지 말라는 말은 분산 투자를 대표하는 말로 유명하다. 분산 투자는 위험을 덜기 위해 행하는 방법인데 여기에 부담까지 덜 수

---

4  출처: 한국사회주택협회, 2021년 11월

있다면 어떨까? 놀랍게도 그런 방법이 있다.

## 자영업자에게 유리한 공동투자

당연한 말이지만, 투자는 돈이 많을수록 쉽다. 10억으로 건물을 찾으면 1억으로 건물을 찾을 때보다 훨씬 쉬우면서도 가능성은 비교도 안 될 만큼 커진다. 100억으로 투자한다면 말할 것도 없다. 물론 10억이나 100억을 만드는 게 어렵다는 게 문제다. 종잣돈이 충분하다면 투자금액을 빠르게 그만큼 불릴 수도 있겠지만, 현실적인 이야기는 아니다. 그런 사람이라면 이 책을 보고 있지도 않을 테니까.

그렇다면 방법이 없는 걸까? 다행히 그렇지는 않다. '사람 레버리지'를 활용하면 이런 한계를 극복할 수 있다.

세 명의 투자자가 있다고 치자. 각자 3억 원씩, 총 9억 원을 모으면 건물 하나를 사서 투자할 수 있다. 그러나 이들에게는 문제가 있다. 건물을 어떻게, 무엇으로 채우느냐 하는 것이다. 투자자는 콘텐츠가 없기 때문이다. 이때, 자영업자가 콘텐츠를 채워주면 해결된다.

앞서 나는 임차인의 보증금을 건물주가 레버리지로 이용한다고 했는데, 이는 그 반대라고 보면 된다. 재주 부리고 왕서방에게 돈을 벌어다 주는 게 아니라, 왕서방의 재력을 이용해 원하는 바를 이루는 것이다.

이게 바로 공동투자다. 혼자 들고 가기에는 너무 무겁지만 좋은 물건이 있다면, 누군가의 도움을 같아 함께 들고 가기도 한다. 공동투자도 마찬가지다. 건물주가 되는 데 너무 많은 돈이 들고 혼자 감당할 부담과 심리적 허들이 클 때 효과적인 수단이다.

단, 공동투자를 하려면 명심해야 할 것이 있다. 여러 명이 함께하는 만큼 조화와 '시너지'를 고려해야 한다는 것이다. 어떤 업종은 1층이 아니면 성공하기 어려울 수도 있다. 반대로, 상대적으로 임대료가 저렴한 2, 3층에서 영업하는 것이 유리한 업종도 있다. 사람을 중심으로 보자면, 장사는 자신 있는데 돈이 없는 사람이 있고, 돈은 많은데 건물에 어떤 콘텐츠를 채워야 할지 모르는 사람도 있다. 이런 사람들이 서로 모여 각자의 부족한 부분을 채워줄 때, 비로소 이상적인 공동투자가 된다.

### 공동투자의 두 가지 유형

공동투자를 구분하려면 여러 유형으로 나눠볼 수 있지만, 자영업자가 참여하는 공동투자는 크게 두 가지로 나누어 설명할 수 있다. 내가 투자하면서 내 콘텐츠를 가지고 들어가는 유형과 임차인으로 지분 대신 배당을 받기로 하고 들어가는 유형이다. 전자는 안정적으로 장사하면서 수익을 나누고 차후 시세차익도 누릴 수 있다. 후자는 지분을 받기 어려우니 시세차익은 얻지 못하겠지만, 대신 초기 비용을 줄이면서도 일종의 배당까지 받을 수 있다.

투자자는 현금흐름이 잘 나올 자영업자를 원한다. 그들이 장사를 잘해서 이자를 내주고, 건물의 가치까지 높여주기를 원하기 때문이다. 대신 임차인으로서 들어오는 자영업자에게 몇 가지 혜택을 준다면 원하는 임차인을 받을 수 있다. 혜택으로는 월세를 낮추거나 장기간 동결해줄 수도 있고, 보증금을 받지 않는 것도 있다. 건물을 사고 리모델링하는 과정에서 미리 인테리어를 해줌으로써 인테리어비용 부담을 자영업자가 아닌 투자자가 부담해주는 것도 방법이다. 또한, 일종의 '콜옵션'을 주어 계약된 일정 기간 이후 건물을 되팔 때 자영업자에게 선택권을 주기도 한다. 이를테면 5억 원에 매입한 건물을 7억 원이 되면 팔기로 했을 때, 판매 시점이 오면 자영업자에게 우선협상권을 주는 식이다. 건물을 살지 말지는 자영업자의 선택이다. 이런 방식으로 투자자와 힘을 합치면 리스크를 상쇄하고 서로 윈-윈$^{Win-Win}$을 할 수 있다.

만약 건물주가 되고 싶은데 당장은 돈도 부족하고 혼자 모든 위험을 짊어지기 부담된다면 이처럼 투자자를 찾으면 크게 세 가지 장점을 취할 수 있다. 우선은 위험 부담이 확 줄어들고, 비용을 적게 들이고도 건물주가 될 '기회'를 얻게 되며, 건물 투자 경험까지 생긴다. 또한, 주식의 스톡옵션 개념처럼, 내가 장사를 잘해서 건물의 가치를 올리겠다는 동기부여가 된다는 부수적인 효과도 있다. 재주 부리는 곰도 조금만 현명하면 돈을 가진 왕서방을 이용할 수 있는 것이다.

혼자 돈 모아서는 평생 건물주가 될 수 없다. '생애 건물주'란 목표는 원래 힘든 법이다. 공동투자를 미리 알았더라면 나는 라라브레드 잠실점도 건물을 사서 시작했을 것이다. 그랬더라면 훨씬 빨리, 지금보다 더 큰 부를 이루었을 것으로 생각하면 안타깝기도 하다. 만약 라라브레드 잠실점을 임대해서 운영하지 않고 실제로 매입했더라면 불과 5년 만에 얼마나 큰 차이가 발생했을지는 이 책의 부록을 참고하기를 바란다.

### 공동투자자를 찾는 법

공동투자가 그냥 만나서 계약서 하나 쓴다고 다 이루어지는 것은 아니다. 말했듯이 서로의 부족한 점을 채워줄 수 있어야 한다. 나에게 부족한 돈을 투자자에게서 끌어오려면 그들이 가장 원하는 것을 내가 제공할 수 있다는 믿음을 심어줘야만 한다. 즉, 투자자에게 나를 증명할 수 있어야 한다는 뜻이다. 가장 좋은 방법은 꾸준하게 안정적인 매출과 현금흐름을 만들어온 기록이다. 월세도 못 내는 자영업자와 함께하고 싶은 사람은 없을 테니 말이다.

중요한 것은 이렇게 서로를 보완해줄 수 있는 투자자를 어디서 찾아내는가 하는 점이다.

사실 '공동투자자'라고 하면 TV에서나 봤던, 양복을 쫙 빼입은 엘리트를 떠올릴 수도 있는데, 투자자의 범위는 한없이 넓다. 심지어 가족이나 친구를 비롯한 지인도 내게 투자하면 투자자가 된다. 사실 가장 먼저 알아봐야 할 투자자이기도 하다. 다음으로는 인근 동네의 같은 자영업자와 협업할 수도 있고, 심지어 전혀 다른 분야의 사람을 찾아갈 수도 있다.

공동투자를 할 때는 가능한 한 건물주를 한 명은 포함시킬 것을 권한다. 건물주가 되어본 사람과 아닌 사람은 경험이 전혀 다르기 때문이다. 부동산 커뮤니티에서는 콘텐츠를 채워줄 사람을 찾는 투자자가 있으니 이용해보는 것도 좋다. 네이버 카페나 내가 운영 중인 '장사는 건물주다' 같은 커뮤니티에 자신을 홍보할 수도 있다. 다만 이렇게 만난 사람들은 서로 알던 사이가 아니므로 검증이 필요하다. 누구나 말로는 수십억 원이 있다고 할 수 있고, 월매출 3억 원을 올린다고 할 수도 있다. 그래서 재무제표 등 실적을 뒷받침할 수 있는 것들을 확인해야 한다. 나 역시 상대에게 증명해야 함은 물론이다.

이처럼 서로의 능력이 검증된 사람들끼리 각자의 장점은 살리고 단점은 보완해주는 공동투자를 할 수 있다면 훨씬 빠르고 재밌게 배우고 성장하며 적은 돈으로도 건물주가 될 수 있다. 통장 잔고만큼 성숙해진다고 했던가. 그렇게 나도 장사꾼에서 건물주 사업가로 성장할 수 있었다.

# 공동투자는
# 동업이 아닌 협업이다

"공동투자는 동업이 아닌 협업입니다."

나를 찾아온 내담자나 수강생들에게 공동투자를 격려하고 조언해주면서 하는 말이다. 대부분은 처음 들었을 때는 이 말을 쉽게 이해하지 못한다. 그러나 공동투자의 개념을 좀 더 이해하고 나면 이 말에 고개를 끄덕인다.

동업과 협업의 차이는 뭘까? 동업은 매장 하나의 매출과 이익을 공유하면서 한 몸이 되어 움직여야 한다. 각자의 영역을 나누었다 해도 사실상 경계가 없고, 상대의 영역에 나도 개입할 여지가 크다. 그러나 공동투자는 각자의 영역을 지키면서 공동의 목표를 위해 함께하는 것이다. 공동투자에서는 콘텐츠를 운영하는 역할과 투자자 등으로 서로의 영역을 가지고 참여하게 된다. 그럼에도 목표에 대해서는 뜻을 맞추어간다. 여기에 더해 부동산 관련 지식도 비슷한 수준이라면 더할 나위 없다. 한쪽이라도 완전히 문외한이라면 진행이 더뎌질 수밖에 없기 때문이다.

이제는 동업이 아닌 협업으로서의 공동투자에서 알아야 할 것들을 살펴볼 차례다.

### 같이 가면 멀리 갈 수 있다

공동투자의 가장 큰 장점은 나 혼자서는 하기 힘들었을 상권과 입지의 건물에도 투자할 수 있다는 것이다. 예를 들어, 세 명의 자영업자가 있다고 해보자. 셋 다 각자 2억 원씩 여유자금이 있다. 이들이 각자 투자한다면 대출을 최대한 받는다 해도 10억 원을 넘어가는 건물은 사기 힘들다. 20억 원짜리 건물은 절대로 불가능하다. 그러나 셋이 더해 6억으로 신규 부동산 법인을 설립하고 투자한다면 20억 원짜리 건물도 살 수 있다. 법인을 통해 70% 대출을 받으면 가능하다. 20억 원의 70%인 14억 원은 대출로 충당하고 나머지 6억 원은 셋이 합친 돈으로 메울 수 있기 때문이다. 세 명은 각자의 장점에 따라 공동관리를 하면 된다. 대출을 받고도 돈이 부족하다면 콘텐츠 없이 돈만 투자하고 싶은 네 번째 투자자를 찾는 것도 방법이다. 단, 콘텐츠 제공자인 자영업자가 재주 부리는 곰이 되지 않으려면 서로 잘 협의해야 한다.

사실 공동투자에서는 서로 맞지 않아 틀어지는 것이 가장 큰 리스크다. 애초에 뜻이 맞는 사람들끼리 모여서 공동투자를 하겠지만, 그럼에도 돈이 얽혀 있으면 틀어지는 일이 다반사다. 그러나 협의해서 정한 원칙만 서로 잘 지킨다면 문제없다. 특히 돈만 투자하는 재무적 투자자는 자산소득의 메커니즘을 잘 아는 사람이기 때문에 자영업자로서는 이들에게서 배울 것도 많다. 그래서 공동투자는 협업이라는 것이다.

나 역시 공동투자를 하고 있는데, 우연한 계기로 시작하게 됐다. 예전에 TV에 출연한 적이 있는데, 그때 친분을 맺게 된 한 언론인이 자신도 건물주가 되고 싶다면서 도움을 요청했다. 나도 그분에게 좋은 마음이 있었기에, 이야기를 나눠본 후 도와드리기로 했다.

하지만 그분이 가진 돈으로는 마음에 꼭 드는 건물을 찾기가 어려웠다. 몇 달을 찾다가 상암동에서 그분 마음에 꼭 드는 건물을 봤지만, 역시 비쌌다. 자기자본이 20억 정도는 필요했다.

그런데 참 신기하게도, 마침 그분과 나 모두 알고 지내던 한 PD님이 그 근처에서 스튜디오로 쓸 만한 건물을 찾고 있다는 소식을 들었다. 그때 내 머릿속에 번쩍하고 아이디어가 떠올랐다. 그 자리는 내가 그토록 강조한 '횟자 전략'에 맞는 곳이었기에 라라브레드가 들어가도 괜찮겠다는 생각이 들었던 것이다.

나는 두 분을 모시고 상황을 설명했다. 셋이서 공동으로 건물을 사서 나는 라라브레드로 운영하고 PD님은 한 층을 스튜디오로 쓰면 어떻겠느냐는 제안이었다. 두 분 모두 상황을 금방 이해하고 흔쾌히 승낙하면서 자연스럽게 공동투자가 성사되었다. 등가교환을 위해 임대수익을 채운 나와 PD님은 각자

수익의 40%를, 재무적 투자자인 언론인 분은 20%를 갖기로 협의했다. 앞에서 예를 들어 설명한 라라브레드 상암점 사례다.

내가 PM Project Manager을 맡아 책임지고 총괄 운영을 하기로 했다. 다만 보통 PM을 맡으면 받게 되는 인건비와 수고비는 따로 받지 않기로 했다. PM으로서 나서서 명도를 해결했고, 대출을 받았고, 시공까지 맡았다. 그간 쌓아온 나의 신용과 사업가로서의 매출 덕에 대출도 낮은 이자로 받았다. 이것이 내가 그동안 잘 다져둔 콘텐츠의 힘이었다. 하지만 여러분들은 공투 프로젝트를 맡아서 고생하는 PM에게는 반드시 일 그 이상의 베네핏을 줘야 한다.

공동투자자 간에 자주 일어나는 다툼 중 하나가 바로 건물을 파는 시점이다. 건물 가치가 올랐을 때 누군가는 팔고 싶어 하고 누군가는 아직 팔고 싶지 않을 수도 있다. 그래서 이럴 때를 대비해 공동투자계약서에 '평당 XX원에 이르면 매도한다'고 명시하는 경우가 많다. 다른 기준을 둘 수도 있지만, 투자자는 대부분 돈을 벌고 싶어 투자하는 것이기 때문에 금액으로 하는 경우가 많다. 다만 그 시점이 됐다고 해서 무조건 파는 것이 아니라 서로 논의해 팔지 않을 수도 있다. 일부가 꼭 팔고 싶어 한다면 그 시점의 시세를 기준으로 나머지 투자자들이 지분을 사들이는 것이 일반적이다. 이런 점을 계약서에 잘 명시해두면 다툼 없이 깔끔하게 문제가 해결된다.

상암동 건물 역시 공동투자계약서에 가격을 기준으로 판매 시점을 정해두었지만, 앞으로의 호재가 많기에 셋 모두 동의하여 판매를 유예했다. 그리고 이번 경험을 살려 셋은 또 공동투자를 하기로 했는데, 다음에 할 건물은 상암

건물보다 훨씬 큰 물건이 될 것이다.

공동투자는 잘만 하면 2억 원 정도의 자기자본으로 시작해 20억 원, 50억 원, 100억 원짜리 건물에도 투자 가능하다. 물론 혼자서 투자할 때에 비하면 수익은 적겠지만, 위험을 줄이면서 부동산 투자 경험까지 쌓을 수 있다는 장점이 있다. 서로 보완할 수 있는 투자자들을 어떻게 고를지, 각자의 역할은 어떻게 구분해 협업할지 잘 정하고, 문제가 발생하지 않도록 변호사를 통해 계약서 잘 쓰는 것이 중요하다. 나 역시 혼자서는 불가능하거나 부담되는 투자에는 협업을 적극 활용하고 있다.

당장 매출이 좋아 월세 낼 돈으로 이자를 충분히 찍을 수 있는 건물주 되고 싶은 사장님, 시드머니만 있는데 콘텐츠가 없어 공실 리스크가 불안하지만 건물주는 되고 싶은 사장님을 연결해드리고 있다.

그런 좋은 마음에서 시작해서 그런 건지 2023년 한 해 동안 벌써 55명 건물주를 탄생시키니 뿌듯하다 3년 안에 1000명 건물주를 탄생시켜 드리고 싶다.

# 공동투자 시
# 주의사항

공동투자는 여러 사람과 하는 일인 만큼 마음이 맞지 않는 사람이 있을지도 모르고, 갈등이 일어날 수도 있다. 이런 상황을 방지하려면, 앞서 잠깐 설명한 것처럼 세세한 부분까지 서로 합의한 내용을 담은 공동투자계약서가 필요하다. 일을 망치는 변수는 다양한 만큼 계약서는 구체적으로 쓸수록 좋다. 수익 배분, 공실이 생겼을 때의 대처법, 판매 시점, 의견이 갈릴 때의 해결 방법과 그 외의 여러 요소가 담겨야 한다. 계약서를 얼마나 상세하게 잘 쓰느냐에 공동투자의 성공이 달려 있다고 해도 과언이 아니다.

이런 계약서는 곧 매뉴얼과도 같다. 협업을 가능하게 한다. 그래야 손해를 보지 않을 수 있고, 궁극적으로는 사람을 잃지 않는다. 이런 계약서는 변호사나 법무사에게 공증까지 받기를 권한다. 그래야 뒤탈이 없다.

계약서 외에도 공동투자가 성공하려면 다음과 몇 가지를 주의해야 하고, 이 모든 것을 계약서에 잘 담아야 한다.

## 성공적인 공동투자 원칙

### 1. 업무 분장은 정확해야 한다

공동투자는 각자의 단점을 서로의 장점으로 보완할 때 그 효과가 극대화하는 만큼 모두 적합한 역할을 맡아야 한다. 이 역할을 최대한 명확히 해야 하고, 각자가 자기 역할을 명확하게 이해해야 한다. PM이 필요하고, 자본을 끌어오는 사람, 콘텐츠를 채우는 사람, 땅을 찾으러 다니는 사람도 있을 것이다. 공동투자는 유기적으로 돌아가는 만큼 각자가 맡은 역할을 책임지고 수행해야 성공할 수 있다. 만약 '콘텐츠'를 담당하기로 한 사람이 있다면, 그의 역할은 공실을 줄이면서 월세로 이자를 책임지는 것이다. 그런데 각상 해보니 너무 힘들어서 못 하겠다며 나가버리면 공동투자 자체가 흔들린다. 물론 다른 역할을 맡은 사람이 책임을 다하지 않아도 마찬가지다. 그래서 이런 일이 있을 때 일종의 '패널티'를 가하는 데 서로 동의해야 한다. 역할을 다하지 않으면 지분을 차감하는 등의 강력한 장치가 계약서에 필요하다.

투자에서는 '술에 술 탄 듯 물에 물 탄 듯 좋은 게 좋은 거지'라는 말은 있을 수 없다. 특히 지인이나 가족관계일수록 계약서는 남보다 더더욱 촘촘하게 쓰길 당부한다.

## 2. 여유자금으로 한다

간혹 공동투자에 끼고 싶다며 과도하게 대출을 받아오는 사람이 있다. 대출이야 개인 사정 아니냐고 할지도 모르지만, '공동'투자자가 받은 대출은 다른 사람들에게도 영향을 미칠 수 있다. 예를 들어, 서로 합의한 매도 시기나 금액이 오기도 전에 대출 상환이 급급해 매도를 종용하게 될 수도 있다. 물론 계약서에 이런 부분까지 명시해뒀을 테니 직접적인 피해는 없을지도 모르지만, 여러모로 번거롭고 신경 쓰일 수밖에 없다. 또한, 그런 상황까지 가지 않더라도 사람은 크게 무리하면 조바심이 나게 마련이다. 이로 인해 같이 하는 공동투자자들에게 피해를 줄 가능성이 크다. 그렇기에 여유자금으로 하는 것이 좋고, 함께할 투자자 역시 그런 사람을 찾아야 탈이 없다.

## 3. PM은 유경험자가 맡아야 한다

역할을 분장할 때 반드시 임명해야 하는 PM은 부동산 경험이 풍부한 사람이 맡는 것이 좋다. PM은 땅을 잘 보고 고르는 능력도 있어야 하고, 10~15군데 이상의 은행과 협상도 해야 한다. PM이 얼마나 역할을 잘하느냐에 따라 이득 볼 것을 손해만 보게 되기도 한다. 가령 PM이 총 10억 원이 들어갈 것으로 예상했는데 수지분석을 잘못해서 12억이 들어갈 수도 있다. 또는 건축 과정을 이해하지 못해 막상 시작해보니 공사 기간이 늘어날지도 모른다. 그럼 모든 일정에 차질이 생길 뿐만 아니라 대출이자도 그만큼 더 내야 한다. 그 금액은 어쩌면 한 달에 수천만 원이 될지도 모른다. 이런 일은 경험이 없으면 제대로 해내기 힘들다. 그래서 PM은 반드시 유경험자에게 맡기기를 권한다. 처음 공동투자자를 찾을 때부터 경험이 풍부한 사람이 한 명쯤은 있어야 한다.

### 4. 매도 시점과 기준을 명확히 한다

공동투자는 서로 다른 사람이 모여 함께하는 것인 만큼 여러 협의가 필요하다. 특히 각자의 목표가 조금씩은 다를 수도 있기 때문에 협의해서 모두가 만족할 만한 방향을 찾아야 한다. 예를 들어, 누군가는 건물 가치를 극대화한 후 매도해서 차익을 원하고 공동투자에 뛰어들 수도 있다. 다달이 나오는 안정적인 월세가 목표인 사람도 있을지 모른다. 자영업자라면 부동산 자체로 얻는 수익보다는 마음 편하게 사업을 이어가고 싶다는 목표가 더 클 수도 있다. 그런데 만약 공동투자자 중 일부가 자신이 원하는 만큼 건물 가격이 오르자 건물을 팔자고 주장한다면 어떻게 될까? 당연히 불화가 일어날 수밖에 없고, 법적 분쟁으로 번질 우려도 있다.

그래서 공동투자 계약서를 쓸 때는 지분과 함께 '매도를 언제, 어떻게 할 것인가'를 명시해두어야 한다. 보통은 특정한 시점보다는 금액으로 정한다. 날짜로 정하면 그때 가서 예상했던 수익률에 못 미치거나, 최악의 경우 부동산 하락기에 접어들면서 손해를 볼 수도 있기 때문이다. 그렇게 되면 손해는 모든 공동투자자에게 돌아간다. 그래서 금액으로 '평당 얼마가 되면 판다'는 식으로 정해두는 것이 합리적이다.

시점과 가격을 모두 포함해 정하는 방법도 있다. 이를테면 '평당 8천만 원이 되면 매도한다. 단, 8천만 원까지 오르지 않으면 5년 후에는 시세와 상관없이 매도한다'는 식으로 정하는 것이다. 이 경우에도 '단, 5년 후에도 서로 협의하여 판매 시기를 조절할 수 있다'는 항목을 추가해두면 더 좋다. 5년 후에 부동산 시장이 어떻게 될지 알 수 없고, 더 오를 확실한 조짐이 보인다면 굳이 팔고 싶지 않은 사람도 있을지 모르니 말이다.

또한, 계약서에 적힌 만큼 시세가 올랐는데도 누군가는 팔고 싶지 않을 수도 있다. 그럴 때는 그런 사람이 다른 사람의 지분을 사들이거나 지분율을 조정하는 식의 협의가 필요하다.

매도금액을 조절할 수 있다는 항목을 넣으면 훨씬 좋다. 시간을 두고 기다려도 목표했던 금액까지 오르지 않는다면, 누군가는 더 이상 들고 있는 것이 의미가 없다고 생각할지도 모른다. 그때는 매도금액을 수정할 수 있게 해야 잡음이 없다.

반대로 하한선을 정하기도 한다. 얼마 아래로 떨어지면 매도한다고 명시하는 것이다. 그러나 부동산은 어지간해서는 시간이 지나면 오르기 때문에 그런 경우는 많지 않다.

물론 공동투자가 모든 사람에게 좋다고 말하기는 어렵다. 장점이 있으면 단점도 있기 때문이다. 계약서로 많은 부분을 정리하고 협의한다고는 하지만, 인간관계가 엮이는 것이다 보니 이런 쪽으로 예민하고 스트레스를 받는 사람이라면 잘 맞지 않을 수도 있다. 성향에 따라 판단하면 된다.

# 8장

# 젠트리피케이션을 직접 해결한 우리가 약속해야 할 것

건물주가 되는 데 성공했다면, 축하한다. 임차인으로서의 설움과 불안함에서 벗어나 젠트리피케이션이라는 사회 현상에서도 무사히 버텨낼 수 있을 것이다. 그러나 한 가지 명심해야 할 것이 있다. 세상은 혼자서는 살아갈 수 없다. 내 주위에서 승승장구하다가 한순간에 몰락한 자영업자 대부분 자기 자신만을 생각하는 사람이었다. 자신이 직원으로서 일하던 시절의 힘겨움을 잊은 사람, 손님으로서 서비스를 이용할 때 바라던 것이 무엇인지 잊은 사장은 결국 직원도 잃고 손님도 잃는다. 살아남을 도리가 없다. 마찬가지다. 건물이라는 플랫폼을 가지게 된 우리도 결국은 그 안의 콘텐츠를 채우는 자영업자였고, 앞으로도 그럴 것이다. 오로지 건물주로서의 입장만이 아니라 관계된 사람들을 이해하고 배려하는 자세가 없으면 결코 오래갈 수 없음을 명심해야 한다.

# 자영업자가 연합하는
# 세계관이 우리를 살린다

　이 책을 집어 든 사람은 아마도 자영업자일 것이고, 대부분은 건물주가 아닐 것이다. 건물주의 갑질에 시달린 사람들, 언제 젠트리피케이션의 희생양이 될지 모른다는 불안감에 시달린 사람들을 위해 쓴 책이니 말이다. 레버리지 서클을 통해 건물주가 된다면 분명 그런 불안감과 설움에서 벗어날 수 있다. 그러나 여기에 만족해서는 안 된다. 지금까지 자영업자들이 좋은 콘텐츠를 가지고도 건물주의 횡포에 시달리고 힘을 쓰지 못한 것은 하나로 뭉치지 못했기 때문이다. 이제 이기심이나 나 혼자만 잘살면 된다는 마음을 버리고, 자영업자끼리 연합해야 할 때다. 그래야 젠트리피케이션이라는 사회 현상을 그저 나 혼자 운 좋게 피하는 데 그치지 않고 해결할 수 있다.

## 건물주와 자영업자의 상생은 충분히 가능하다

'플랫폼'을 가진 건물주와 '콘텐츠'를 가진 자영업자는 애초에 상생해야만 하는 관계다. 그러나 부동산은 제한된 자원인 만큼, 이를 가진 건물주들에게 힘이 실리는 것은 막기 힘들다. 그럼에도 이들 역시 자영업자들이 떠나가고 나면 빈 건물만 쥐고 있게 된다. 결국, 상생할 방법을 찾는 것이 서로에게 이득이다. 그리고 그 시작은 건물주가 먼저 손을 내미는 것이다.

광주광역시 동구 동명동 카페거리 동리단길은 광주의 대표적인 핫플레이스였다. 하지만 급격한 상업화 진행으로 임대료 상승과 함께 원주민과 이해관계자 사이의 갈등이 발생했다. 이에 주민들은 '골목상권 활성화' 사업을 추진했고, 건물주 51명이 '착한 임대료 인하 운동'에 동참해 임차인 117명의 임대료 부담을 덜어주기도 했다. 임대료 안정과 골목상권 상생을 조성하는 데 앞장선 것이다. 그 결과, 광주시 동구는 행정안전부에서 주관한 '2020년 골목경제 회복지원 사업 우수사례' 대상에 선정돼 행안부 장관상을 받는 영광을 차지했다.

같은 해, 전주의 임대인들이 코로나19 때문에 힘겨워하는 임차인들의 고통을 나누고자 '착한 임대인 운동'을 시작했다. 전주한옥마을의 건물주들을 시작으로 전주지역 전통시장과 주요 상권의 건물주 78명은 135개 점포의 임대료를 인하했다. 이후 전주 곳곳에서 건물주 40여 명(170여 개 점포)이 운동에 동참했다. 시에서는 이런 건물주들에게 재산세 감면을 제도적으로 지원하는 동시에 공공기관 소유 건물의 임대료를 인하하였고, 공공요금을 감면해주는 방안을 검토하기도 했다.

전주한옥마을 덕진구 인후동의 한 과일가게 사례가 특히 주목할 만하다. 인후초등학교 근처에는 차량 이동이 많은 이면도로가 인접해 있어서 등하교하는 학생들의 안전이 위협받고 있었다. 이를 염려한 사장 내외는 초등학교와 대단지 아파트 사이의 땅을 매입했다. 이들은 주차장이었던 이 공간에 상가를 세우면서 건물 한가운데를 뚫어 아이들의 통학로를 만들어주었다.

"당시 건물을 지으려고 주변에 쇠 파이프를 둘러 뒀는데, 하루에도 아이들 수백 명이 파이프 아래로 기어가 이곳을 가로질러 지나갔다. 그런 아이들을 보면서 여기를 막고 상가를 세워버리면 저 아이들은 어떻게 하나 고민하다가 길을 내기로 했다."

말은 쉽지만, 쉬운 결정은 아니었을 것이다. 이 통학로를 메워 세를 놓으면 받을 수 있는 돈이 시세를 고려하면 월 100만 원이 넘으니 말이다. 하지만 사장 부부는 고민 끝에 아이들의 등굣길을 안전하게 만들기로 했고, 덕분에 아이들은 안전하고 빠르게 통학할 수 있게 됐다.

이처럼 주민들이 먼저 나서 합심해서 젠트리피케이션의 위험에 맞서고, 공공의 이익을 위해 개인의 이득을 포기하는 꿈같은 일이 실제로 일어나기도 한다.

### 자영업자는 자영업자의 삶을 누구보다도 잘 안다

앞서 언급한 사례들은 분명 마음 따뜻해지는 미담이다. 그러나 이런 '미담'은 대부분 '상생'의 가치를 모두가 깨달았기 때문이 아니라, 건물주가 일방적으로 베풀듯이 시작한 것이라서 오래가지 못했다. '착한 건물주' 운동이 대부분 그렇다. 처음에는 분위기에 휩쓸려 동참했다가 시간이 좀 지나면 슬그머니 발을 빼는 사람이 많다. 실제로 언론에서도 이런 점을 지적하는 기사가 나오곤 한다.

우리는 달라야 한다. 자영업자가 겪는 '을'의 설움을 누구보다 잘 아는 우리는, 콘텐츠의 힘이 얼마나 강력한지 아는 우리는 건물주가 됐을 때 '상생'할 방법을 찾아야 한다.

내가 굳이 자영업자를 대상으로 이런 책을 쓴 이유는 뭘까? 자영업자들이 열심히 일한 만큼 보상받기를 바라는 마음이 크긴 하나, 그보다 더 근본적인 이유가 있다. 자신만이 아니라 공동체를 위해 역할을 해주기를 바라는 마음이다.

무조건 퍼주라는 것이 아니다. 다만 내가 자영업자로 건물주에게서 겪었던 설움을, 젠트리피케이션에 밀려난 절망을, 다른 자영업자는 겪지 않게 해주자는 것이다. 나아가 그들이 '백년가게'를 만들어 내 건물에서 오래오래 장사할 수 있게 함으로써 나 역시 안정적으로 월세를 받고 건물의 가치까지 오르게 하는 것이 장기적으로는 이득임을 깨닫자는 말이다. 일방적으로 주거나 받기만 하는 관계는 오래갈 수 없으니 말이다.

자영업자인 우리가 건물주가 되고 서로 연합했을 때, 비로소 지속적인 상생이 가능해진다. 상생을 실현하자는 나의 뜻에 함께하는 사람들이 늘어날수록 좀 더 살 만한 세상이 되리라 믿어 의심치 않는다.

# 건물주가 되고 싶다면
# 명심해야 할 십계명

건물주가 되는 과정은 생각보다 어렵지는 않지만, 마냥 쉬운 일도 아니다. 바로 옆에서 지켜본 바로는 능력과 자금 모두 충분한데도 건물주가 되지 못하는 사람이 있는가 하면, 훨씬 열악한 상황에서도 끝내 건물주가 되는 사람이 있다. 전자와 후자를 가를 것은 결국 의지와 절박함의 차이였다. 최소한 다음 '십계명'을 가슴에 새기고 있어야만 건물주가 될 수 있다.

**건물주 십계명**

**1. 뚜렷한 목표를 세워라**

무슨 일이든 뚜렷한 목표가 있는 것과 없는 것은 전혀 다른 결과를 낳는다. 생각해보면 자영업자는 대부분 목표 매출을 세우고 영업한다. 그러나 건물을 살 때는 목표를 제대로 세우지 않는 사람이 많다. 수많은 자영업자를 컨설팅해본 결과, 왜 건물주가 되려고 하는지, 어떤 건물을 사고 싶은지, 언제 살 것인지 등을 명확하게 세워둔 사람만이 건물주가 됐다. 이들은 그런 건물을 사는 데 필요한 금액에 따라 자신이 올려야 할 매출부터 필요한 현금흐름 같은 재정적 목표는 물론이고 부동산 공부를 언제, 어떻게, 얼마나 할 것인지까지 맞춰서 계획을 세우고 실행한다.

반면 '언젠가는 큰 건물을 사고 싶다'는 식의 두루뭉술한 목표를 세운 사람은 차일피일 미룰 뿐, 무엇도 실행하지 않고, 결국 건물주가 되지 못했다. 나 또한 20년 장사 중에 15년 동안 건물주에게 월세 8억을 주면서 뼈저리게 후회했다. 제발 언젠가는 이루고 싶은 버킷리스트에 건물주는 넣지 말자. 나처럼 15년이 걸릴 수도 있다.

### 2. 절실함으로 독기를 품어라

목표만 세웠다고 실행이 저절로 되지는 않는다. 절실하게 건물주가 되고 싶은 사람만 실행에 옮긴다. 절실함은 포기하지 않는 독기를 낳는다. 이런 독기는 타고나는 것도 있겠지만, 스스로 만들어낼 수도 있다. 스포츠 선수들은 가상의 '적'을 만들고 승부욕을 불태워 한계 너머까지 자신을 몰아세우면서 성장한다. 우리도 마찬가지다. 세입자로서 겪은 설움, 앞으로 더 크게 겪게 될지도 모르는 횡포, 내 노력으로 내가 아닌 다른 사람이 부자가 되는 부당한 현실을 떠올린다면 절실함과 독기가 생길 수 있다. 독기를 품을 사연이 없다면 억지로라도 만들자.

### 3. '고생 끝'에 낙이 온다는 믿음을 버려라

강연 할 때 뼈 닺으라며 이 말을 한다. '개고진감래'. 고생 끝에 낙이 오는게 아니라 골병만 온다는 뜻으로 하는 말인데, 과거 내 이야기이기도 하다.

건물주가 되는 것을 먼 미래의 목표로 삼는 사람이 많다. 자신이 건물주가 될 수 있다는 믿음조차 없는 사람이 대부분이고, 될 수 있다 해도 오랜 시간이 걸릴 수밖에 없다고 믿는 것이다. 그러나 생각보다 훨씬 빠르게 건물주가 될 수 있다. 건물주를 '평생 소원'으로 여기는 사람은 평생 건물주가 되기 힘들다. 반면 '내년에 건물주가 되겠다'고 '믿는' 사람은 그보다 조금 더 걸리더라도 결국 건물주가 됐다. 고생을 있는 대로 한 끝에 건물주가 되겠다는 생각을 버리고 최대한 빨리 건물주가 될 방법을 찾아라.

### 4. 나만의 콘텐츠를 만들어라

건물주가 되기 이전에 우리는 자영업자다. 우선 자신의 본업부터 잘해야 한다. 하나를 보면 열을 안다고, 자기 본업조차 제대로 하지 못하는 사람이 생소한 부동산을 잘할 거라고는 믿기 힘들다. 더욱이 자신의 생활비와 직원들 월급 등은 물론이고 월세를 밀리지 않고 낼 수 있어야만 건물주가 될 준비가 된 것이다. 그리고 그 기본은 탄탄한 콘텐츠, 자신단의 콘텐츠다. 라라브레드의 성공에는 여러 이유가 있지만, 그중 하나가 독보적인 콘텐츠다. 실제로 라라브레드는 지금도 새로운 메뉴 개발에 상당한 시간과 비용을 쏟고 있고, '우리만의' 메뉴를 만들어 이를 레시피북으로 출간하기도 했다.

### 5. '버는 돈'보다 '모으는 돈'이 중요하다

분명 레버리지 서클을 이해하고 있다면 저평가된 이면의 건물을 저렴하게 사서 건물주가 될 수 있다. 그러나 최소한의 비용은 들게 마련이다. 대출을 레버리지로 활용한다 해도 100% 대출을 받기란 사실상 불가능하고, 가능하다 해도 이자를 감당하기 어렵기 때문이다. 그렇기에 최소한의 자금은 마련해야 한다. 십계명1에서 목표를 뚜렷하게 세웠다면 언제까지 얼마의 자금을 모아야 하는지, 그러려면 매출을 얼마나 올려야 하며 지출은 어떻게 줄일 것인지 계획이 나온다. 이런 계획에 따라 최대한 빨리 현금을 만들어야 한다. 건물주가 된 지금도 나는 꾸준히 돈을 모으고 있다.

### 6. 부동산 공부는 '당장' 시작하라

진부한 이야기지만, 기회는 준비된 자만이 잡을 수 있다. 그리고 기회란 언제, 어떻게 눈앞에 나타날지 알 수 없다. 그런 기회를 '발견'하는 것도, 놓치지 않고 잡는 것도 모두 준비된 사람만이 가능하다. 부동산 공부를 평소에 해두지 않으면 나에게 딱 맞는 건물이 싸게 나와 있어도 이를 인지하지도 못한 채 넘어갈 수 있다. 반대로 내게 전혀 맞지 않는 건물을 비싼 값에 덜컥 사버리기도 한다. 부동산은 주식처럼 전문가가 찍어줘서 수익내는 종목이 아니다.

### 7. 가족이나 지인 말을 듣지 마라. 특히 무경험자라면

큰 결단을 앞뒀을 때, 흔히 '주위 사람들'에게 의견을 구하곤 한다. 그러나 건물주가 되고 싶다면 그래서는 안 된다. 가족이나 친구의 만류에 머뭇거리다가 좋은 기회를 놓치는 사람을 무수히 봐왔다. 문제는 이런 지인 대부분이 건물주와는 거리가 먼 사람들이라는 것이다. 제아무리 진심에서 나왔다 해도 무경험자의 조언은 대부분 독이 된다.

더욱이 가까운 사람일수록 당신을 걱정하는 마음에 '안전한 길'을 택하라고 할 가능성이 크다. 지금 매출이 괜찮게 나오고 있는데 굳이 위험하게 대출까지 받아서 건물을 사지 말라는 조언은 상대를 위해서 해주는 말이지만, 모든 기회를 잘라버리는 말이기도 하다.

조언이 필요하다면 유경험자, 성공적으로 건물주가 된 자영업자에게 조언을 구하라.


### 8. 의심하고 또 의심하라

오랫동안 사업을 성공적으로 이어가다 보면 점점 '난 항상 옳다'는 믿음에 빠질 우려가 있다. 그렇게 위기를 맞은 자영업자는 내 주위에도 많다. 더욱이 그런 오만한 믿음으로 건물주가 되려다 보면 크게 낭패를 볼 수도 있다. 자기 자신을 객관적으로 보고 제대로 분석해야 한다. 매출과 현금흐름, 시드머니 등 상황은 어떠한지 등을 명확히 파악했다면, 앞서 성공한 사람들 사례를 살펴보면서 부족한 점은 없는지 따져봐야 한다. 자신이 항상 옳다는 믿음을 버리고 내 생각이 옳은지 충분히 의심해본 후에 실행해야 실패가 없다. 나는 비트겐슈타인의 이 말을 항상 반추한다.

"자신이 옳다고 믿는 사람은 게으르다."

### 9. '부정적인 생각'은 버리고 '부정적인 측면'을 고려하라

부정적인 사람과 부정적인 측면을 고려하는 사람의 차이는 앞서 설명한 바 있다. 부정적인 사람은 끊임없이 '안 될 이유'만을 찾고 핑계를 만들어낸다. 이들은 대체로 상당히 똑똑한 사람들이다. 그래서 그들 눈에는 안 될 이유가 더 쉽게 보이고, 일이 잘못됐을 때의 결과를 생생하게 상상한다. 그러니 안 될 이유를 더 찾게 되고, 결국 시도조차 하지 못한다.

반면 부정적인 측면을 고려하는 사람은 '이 일에는 이런 어려움이 있다'는 점을 고려해 이를 해결할 방법을 찾는다. 그 문제만 해결되면 '안 될 이유'는 사라진다. 단언컨대, 모든 일과 모든 건물에는 부정적인 면이 있다. 여기에 집착해 부정적인 생각에 빠져드는 사람은 평생 건물주가 되지 못한다. 이런 점들을 해결할 방법을 찾는 사람만이 건물주가 될 수 있다.

### 10. 마지막 한 걸음을 내딛는 용기를 가져라

건물주가 되기 직전에 포기하는 사람이 생각보다 많다. 결국 두려움을 이겨내지 못했기 때문이다. 해보지 않은 일에 큰돈이 들어가다 보니 두려워지는 것도 당연하다. 그러나 아무것도 하지 않으면 뻔히 보이는 수렁에 빠져들 수밖에 없는데도 새로운 길을 찾지 않는 것이야말로 무모한 행동이다. 용기를 가지고 마지막 한 걸음을 내디뎌라. 새로운 세상이 당신을 기다리고 있을 것이다.

내가 매월 내는 월세는 쓰레기처럼 버리는 거라고 생각해라. 당연한 것을 부정해 보면 새로운 기회가 보인다. 내 안의 혁신은 낡은 고정관념으로부터 온다.

에필로그

# 100명, 1000명의 자영업자를
# 부자로 만드는 그날까지

 레버리지 서클을 통해 라라브레드 송정점을 성공시킨 나는 장사에만 매몰된 자영업자들을 볼 때마다 안타까운 마음이 들었다. 이들을 돕고자 유튜브를 만들어 노하우를 공유하기 시작했다. 큰 도움이 됐다는 댓글을 볼 때면 매출이 많이 나온 것보다도 뿌듯했다.

 유튜브와 강의, 컨설팅을 계기로 나는 더 다양한 활동을 하게 됐다. 그중 하나가 지방 공동투자다. 그런데 막상 지방에서 공동투자를 해보니 작지만 알찬 자영업자 건물주가 생각보다 많았다. 어떤 카페는 레버리지를 이용해 건물값의 25%만 가지고 건물주가 되었다. 지방이라서 1억 원도 되지 않는 돈이었는데, 임차로 들어갔다면 권리금에 보증금, 인테리어 비용만으로도 그보다 큰돈이 드는 일도 허다하다. 그분이 내 영향을 받은 건지는 알 수 없지만, 괜히 내가 다 뿌듯했다.

앞서 말했던 것처럼 나는 사람들에게 강력한 계기를 만들어 드리는 게 좋다. '계기'의 사전적 의미는 어떤 일이 일어나거나 변화되도록 만드는 결정적인 원인이나 기회이다. 이 단어에 딱 맞는, 31살의 한 청년이 적은 돈으로도 45억 건물주가 된 이야기를 소개하겠다.

2년 동안 유튜브를 하면서 꼭 빠지지 않는 게 있는데 그건 라이브 방송이었다. 사업하면서 바쁜 와중에도 라이브를 하는 이유는 구독자와 소통하고 고민을 들어 드리는 게 너무 좋았기 때문이다. 그러던 어느 날, 범상치 않은 청년 사장님과 진실로 댓글로 소통하고 울고 웃게 되었다. 그 식당과 청년 사장님 이름까지 알며 함께하는 시간이 많아졌다. 지성이면 감천이라고 했던가. 이 청년 사장님은 본인이 써놓은 '33살 안에 나는 반드시 건물주가 될 것'이라는 소원을 이루었다. 나를 만나고 말이다. 그는 45억 가치 건물의 건물주가 되었다.

과정은 더 놀랍다. 마음에 드는 건물과 땅이 3종주거지역인 8차선 도로변에 나타났다. 자기 자본(에퀴티)이 20억 있어야 하는 상황이기에 이 물건은 포기해야만 했다. 본인이 가지고 있는 수중의 돈은 3억에 불과했으니 눈높이를 낮추는 게 맞는 물건이었다. 하지만 이 사장님은 포기하지 않았고 '장사는 건물주'다 PM팀도 포기하지 않았다. 결국은 나머지 17억이 해결되었고 예전

나처럼 막연하게 꾸던 건물주의 꿈을 꿈으로 끝내지 않고 내 건물에서 장사를 할 수 있는 진짜 꿈을 이루게 해주었다.

구미에서 지인들과 공동투자로 구입한 오래된 건물이 있다. 이 건물은 레버리지와 공동투자의 효과가 극대화됐다는 것만으로도 좋은 사례가 되지만, 내게는 그 이상의 의미가 있다. 그 건물에 좋은 임차인을 모셔서 한 가족의 행복을 도모할 수 있었다는 점이다. 누구에게도 지지 않을 만큼 열심히 살아왔지만 계속되는 적자로 벼랑 끝까지 몰린 부부였다. 내 강연을 들으러 왔던 부부는 초롱초롱한 눈빛으로 내 말에 귀를 기울여주셨고, 적극적으로 질문도 하셨다. 그 모습이 인상적이어서 강연이 끝난 후 대화를 나누었다. 사정을 들어보니 아픈 아이를 돌보며 어떻게든 삶을 더 나아지게 하고 싶다는 절박함이 눈에 선했다. 과거의 나와 우리 어머니가 겹쳐 보여 눈물을 참기 힘들었다. 더욱이 그분들은 그 힘든 상황에서도 환한 미소를 잃지 않으셨다.

2023년 8월, 그분들의 가게가 오픈했다. 비록 지금은 임차인 자영업자지만, 언젠가는 자신들의 건물을 사서 나갈 것임을 믿어 의심치 않는다. 그분들이 무너지지 않도록 내 역할을 하겠노라 다짐했다. 누구보다도 열심히 살아온 이런 분들이 등가교환에 따라 재주를 부린 만큼 부자가 되기를 기원한다. 그리고 그런 사람이 한 명이라도 더 늘게 만드는 것이 나의 사명이라 여긴다.

2년 전, 나는 한 방송에 출연해 "100명의 자영업자를 부자로 만들어드리겠다"고 선언한 적이 있다. 아직 갈 길이 멀다. 그러나 모든 길에는 끝이 있는 법이고, 그 앞에는 새로운 길이 나타나게 마련이다. 이미 55명의 자영업자가 '100명의 건물주 만들기 프로젝트'를 통해 건물주가 되었다. 머지않아 100명의 자영업자를 건물주로, 투자로 만들고야 말 것이다. 그러나 거기서 멈출 생각은 없다. 나는 목표를 '1000명 건물주 만들기'로 바꾸었고, '장사는 건물주다'라는 자영업자 교육 플랫폼을 만들어 한 걸음씩 나아가고 있다. 이 걸음은 자영업자가 서로 연합해 건물주의 갑질과 젠트리피케이션을 두려워하지 않고 자신의 사업을 할 수 있게 되는 그날까지 이어질 것이다.

다시 한번 고백하건대, 나는 결코 젠트리피케이션 문제를 '해결'할 수 없다. 사회 문제는 나 같은 개인이 해결할 수 없다. 그러나 이미 말했듯이 개개인이 젠트리피케이션을 '피하는' 길은 알고 있고, 이 책에 어느 정도는 담아냈다고 생각한다. 이를 실행에 옮겨 젠트리피케이션과 건물주의 갑질에서 벗어나느냐 아니냐는 개인의 결정과 의지, 노력에 달려 있다.

정직하게, 열심히 일하는 사장님들이 뿌린 만큼 거두는 세상이 되기를 진심으로 기원하며, 내가 앞장설 테니 부디 자영업자들의 유쾌한 반란에 동참해주기를 바란다. 아울러 이 책을 읽은 모든 사람의 앞에 좋은 일만 가득하기를 기원한다.

## 부록

# 레버리지 서클
# 제대로 활용하기

자영업자로서 건물주가 되려면 낯선 것이 많을 수밖에 없다. 장사를 책으로 배우는 데 한계가 있듯이 건물주 되는 과정도 겪어봐야 알 수 있는 것들이 많다. 그러나 책은 분명 시행착오를 최소화하는 데 도움이 된다. 부록에서는 건물주가 되고 싶은 자영업자들이 알아야 할 필수 정보 중 몇 가지를 내가 직간접적으로 관여한 사례를 통해 설명해보려 한다. 유튜브 '창업오빠 강호동'에서는 영상으로도 소개하고 있으니 참고하기 바란다.

# I. 수지분석

**1. 수지분석이란?**

쉽게 말해 이 부동산을 사는 데 필요한 비용과 이후의 수익을 비교해보는 것이다. 건물은 다른 사업들보다 수지분석이 훨씬 쉽고 더 정확하다. 중요한 것은 '정확하게' 할 수 있느냐이다. '수지분석표'를 만들어 작성하면 빠뜨리거나 잘못 계산하지 않고 상당히 정확한 수지분석이 가능하다.

수지분석은 건물을 사서 그대로 쓰느냐 아니면 신축이나 리모델링을 하느냐에 따라 달라지는데, 이 부분을 놓치지 말아야 한다. 레버리지 서클의 세계관에서는 신축 또는 리모델링을 하는 경우가 많을 것이다. '노른자보다 값진 흰자'에 맞는 건물은 대체로 낡은 주택이고 상권이 약한 주택가에 있는데, 직접 들어가 사업을 하려면 이에 맞는 인테리어가 필요하기 때문이다. 다음은 신축 또는 리모델링을 진행하는 경우의 수지분석 순서와 방법, 간단한 수지분석표 예시이다.

## 2. 수지분석 순서

① **임대수익 조사:** 사고자 하는 건물과 조건이 최대한 비슷한 건물들 위주로 주위 임대 시세를 조사하여 어느 정도의 수익이 가능한지 파악

② **사업비용 계산:** 필요한 전체 사업비용이 어느 정도인지 계산

③ **수익률 검토:** 여러 비용을 따져보고 수익과 비용을 비교해 수익률 검토

④ **자금조달 계획:** 가용 자금과 대출 가능한 금액 등을 고려해 사업비용 조달 방법 모색

⑤ **미래현금흐름 예측:** 예상 임대료와 대출 이자를 비교해 장차 어느 정도의 고정적인 현금흐름이 발생 가능한지 예측

⑥ **매각비용 예측:** 신축 또는 리모델링으로 건물 가치가 얼마나 상승할 것인지 예측

⑦ **건물 매입 의사결정:** 앞의 ①~⑥을 통해 건물을 살 것인지 말 것인지 결정

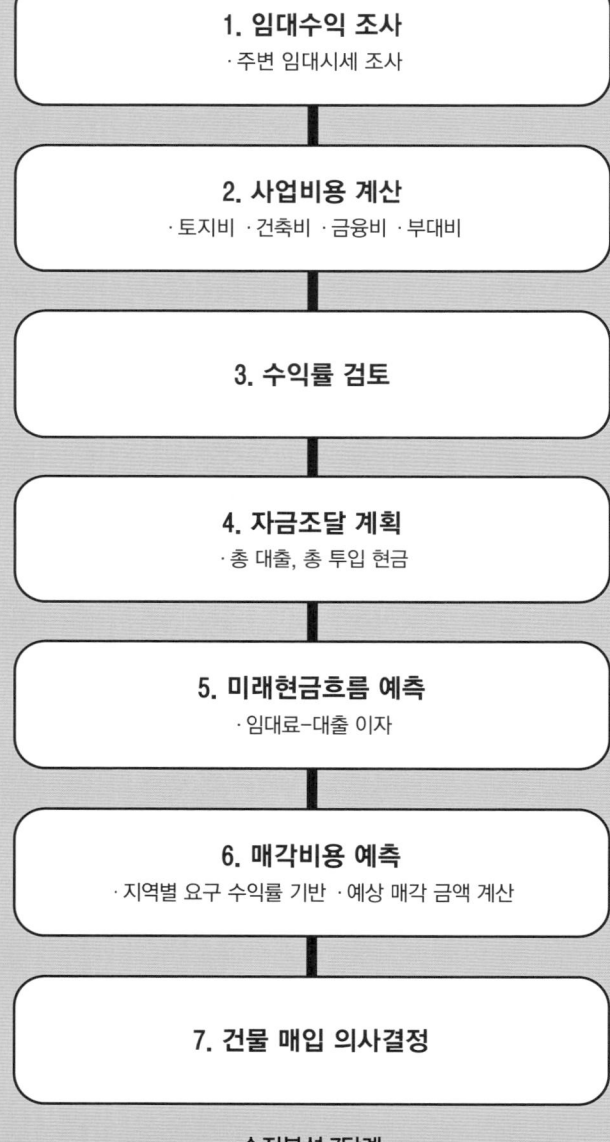

수지분석 7단계

## 3. 단계별 유의사항

### ① 임대수익 조사

부동산 앱과 오프라인 부동산 방문을 통해 주변 시세를 작성한다. 연식, 규모, 시설 등이 내가 사려는 건물과 최대한 비슷한 건물들 임대료가 중요하다. 신축을 계획 중이라면 주변 신축 건물 임대료가 기준이지만, 비교할 만한 신축 건물을 찾지 못했다면 일반적으로 그 지역 평균 임대료보다 10~20%를 가산하여 임대료를 산정한다.

### ② 사업비용 계산

처음 건물을 사는 사람이 수지분석에서 가장 실수하기 쉬운 부분이다. 시세조사 등은 여러 앱이나 공인중개사를 통해 비교적 수월하게 할 수 있지만, 비용은 어떤 것들이 포함되는지 알지 못해 빠뜨리기 쉽고, 이로 인해 수지분석 전체가 잘못될 수도 있다.

다음 표에 포함된 비용들은 빠뜨리지 말고 조사해보자. 작은 실수가 큰 손해로 돌아올 수 있으니. 각 비용은 직접 계산하기보다는 전문가의 도움을 받기를 권한다.

| 토지비 | 건축비 | 금융비 | 부대비 |
|---|---|---|---|
| 토지매입비 | 직접공사비 | 토지 담보 대출 | 보존등기비 |
| 제세공과금<br>(취·등록세) | 철거, 철거감리비 | 신축 대출 | 측량, 지질조사 등 |
| 등기수수료, 채권할인 | 설계비 |  | 기타비용 |
| 부동산 수수료 | 설계감리비 |  | 예비비 |

**수지분석에 필요한 비용들**

③ **수익률 검토**

기본적으로 상업용 건물의 가치는 임대료로 측정한다. 따라서 임대료를 바탕으로 임대수익률을 구할 수 있다. 단 지역별로 기준이 되는, 다른 말로는 '요구하는' 임대수익률이 있다. 이를 '요구수익률'이라 하는데, 연간 임대수익으로 받을 수 있는 임대료가 전체 비용의 몇 %인지로 계산한다.

2023년 기준 지역별 임대수익률을 살펴보면, 서울은 강남 지역 1~2%, 줄여서 '마용성'이라 부르는 마포, 용산, 성동 지역은 2.5%, 그 외는 3% 정도이다. 서울 외 지역은 5~6% 정도라 할 수 있다.

요구수익률이 중요한 이유는 크게 두 가지다. 첫째, 이를 충족해야 '건물'

로서 경쟁력이 생긴다. 수지분석 결과 내가 요구수익률 이상의 임대수익률을 올릴 수 있다면 건물을 매도해야 하는 상황이 왔을 때 가치를 충분히 인정받을 수 있다. 둘째, 내가 사려는 건물의 임대수익률과 해당 지역의 요구수익률을 비교해 매매가의 적정성을 판단하는 기준으로 삼을 수 있다.

임대수익률은 건물을 사는 데 들어간 비용 대비 연간 임대료로 구한다. 이때 건물 매입 비용에서 '보증금'을 빼는데, 곧바로 회수되는 돈이기 때문이다. 이를 공식으로 나타내면 다음과 같다.

$$임대수익률(\%) = \frac{(월\ 임대료 \times 12개월)}{(건물\ 가격 - 보증금)} \times 100$$

예를 들어, 조사 결과 매개가 25억 원에 보증금 1억 원, 월 임대료가 400만 원인 건물이 있다면, 이 건물의 임대수익률은 2%가 된다.

$$임대수익률 = \frac{(400만\ 원 \times 12개월)}{(25억\ 원 - 1억\ 원)} \times 100 = 2\%$$

앞서 말한 지역별 요구수익률에 대입할 경우, 이 건물이 강남에 있다면 요구수익률을 충족하므로 25억 원은 적당한 가격이다. 그러나 그 외의 지역에 있다면 요구수익률을 충족하지 못하므로 건물 가격이 다소 높게 책정되어 있다고 볼 수 있다.

단, 리모델링이나 신축을 고려한다면 이를 통해 상승한 임대료를 기준으로 하는 것이 좋다. 리모델링이나 신축이 필요한 건물은 대체로 낡았거나 하자가 있는 상태이므로 임대료가 낮게 책정되어 있을 것이다. 그러므로 신축 및 리모델링 비용을 전체 금액에 포함시키고, 신축 및 리모델링 후 예상되는 임대료를 기준으로 하여 보유 및 매각 수익을 계산한다.

앞서 예로 든 건물을 1억 원을 들여 하자를 보수하고 리모델링한다고 해보자. 이후 건물 가치 상승으로 보증금이 2억 원, 월 임대료가 500만 원으로 상승할 것으로 예상된다면, 이후 임대수익률은 2.5%가 된다.

$$임대수익률 = \frac{(500만\ 원 \times 12개월)}{(25억\ 원 + 1억\ 원 - 2억\ 원)} \times 100 = 2.5\%$$

이 건물이 서울 강남이나 마용성(마포, 용산, 성동)에 있다면 요구수익률을 충족하므로 매매가가 적당하다고 볼 수 있고, 그 외 지역이라면 여전히 건물 가격이 높은 편인 셈이다.

④ **자금조달 계획**

토지비, 건축비, 금융비, 부대비 등 고려할 수 있는 모든 비용을 더한 총비용에서 대출 가능한 금액을 파악하여 전체 투입할 현금과 이를 마련할 방법을 계획해야 한다.

⑤ **미래현금흐름 예측**

현금흐름은 쉽게 말해 들어오는 돈에서 나갈 돈을 빼고 남은 금액이다. 건물을 살 때는 임대료<sup>들어오는 돈</sup>에서 나가는 돈<sup>대출 이자</sup>을 빼서 계산한다.

미래현금흐름 = 임대료 - 대출 이자

⑥ **매각비용 예측**

레버리지 서클의 세계관에서는 건물을 사서 직접 들어가 내 사업을 하는 것을 전제로 하지만, 그럼에도 불구하고 '팔게 된다면 얼마나 받을 수 있는가'를 예상해봐야만 한다. 이는 급변하는 사회에서 상황이 언제, 어떻게 될지 모르기 때문이기도 하고, 모든 공간을 혼자 쓰는 것이 아니라 다른 자영업자에게 일부 또는 전부를 임대할 경우 적절한 임대료는 얼마인지를 알아보기 위해서이기도 하다. 특히 신축이나 리모델링을 한다면, 이후에 어느 정도의 임대료를 받을 수 있는지를 예측해 예상 임대수익률을 계산해봐야 한다. 매각비용은 이 임대수익률을 바탕으로 해, 앞서 살펴본 '요구수익률'을 기준으로 정한다.

예상 매각 가격은 '요구수익률'을 기준으로 해 임대수익률을 역으로 계산하면 어렵지 않게 구할 수 있다. 이를 공식으로 표현하면 다음과 같다.

$$\frac{(\text{월 임대료} \times 12\text{개월})}{\text{임대수익률}} + \text{보증금} = \text{건물 가격}$$

위 공식의 '임대수익률'에 그 지역의 '요구수익률'을 넣으면 건물 가격이 나온다. 예를 들어, 서울 마포에 보증금 1억 원에 월 임대료가 500만 원인 건물이 있다고 해보자. 이 지역은 요구수익률이 2.5%이므로, 건물의 적정 가격은 25억 원이 된다.

$$\frac{\text{연간 임대수익}(500\text{만 원} \times 12\text{개월})}{\text{마포 지역의 요구수익률}(2.5\%)} + \text{보증금}(1\text{억 원}) = \text{건물 가격}(25\text{억 원})$$

⑦ 건물 매입 의사결정

임대수익률과 현재 건물 가치의 적정성, 신축이나 리모델링을 통한 미래 건물 가치까지 조사가 끝났다면 결정만 남는다. 그러나 일반적인 부동산 투자와 달리 레버리지 서클의 세계관에서는 한 가지 더 고려해야 할 점이 있다. '내가 여기서 내 사업을 잘할 수 있는가' 하는 점이다. 이런 점들을 고려해 건물을 매입한다면 '건물주 자영업자'로서 원하는 만큼 마음 편하게 사업을 이어갈 수 있고, 나아가 건물 가치 상승으로 자산도 빠르게 불릴 수 있을 것이다.

### 4. 수지분석표

수지분석을 더욱 쉽고 간단하게 진행하면서도 빠뜨리는 것 없이 꼼꼼하게 이어가려면 '수지분석표'를 작성하는 것이 좋다. 수지분석표는 크게 4가지 요소로 나누어 작성한다. 투입 금액, 임대료와 운영수익, 수익률, 매각차익<sup>건물 가치 변화</sup>이다.

다음은 수지분석표의 간단한 예시이니 참고하기 바란다.

#### 1) 투입 금액 내역

| 구분 | 금액 | 내용 | 비고 |
|---|---|---|---|
| ① 매매금액 | 4,200,000 | 감정평가 42억 | |
| ② 취득세/등기비용 | 210,000 | 채권할인, 법무사 수수료 포함 | 5.00% |
| ③ 부동산 수수료 | 37,800 | 중개보수 포함 / 부가세 별도 | 0.90% |
| ④ 리모델링(신축, 철거 포함) | 1,208,000 | 설계, 철거, 시공 / 부가세 별도 | |
| ⑤ 대출이자 | 181,000 | 5.70% | |
| ⑥ 부대비용 | 63,000 | 이자, 보존등기, 인허가 PM컨설팅 등 | |
| ⑦ 투자액 | 5,899,800 | ①+②+③+④+⑤+⑥ | |
| ⑧ 대출금액 | 3,700,000 | 담보&신용 30억 / 공사비 7억 | |
| ⑨ 현금투입비용 | 2,199,800 | ⑦-⑧ | |

## 2) 임대료 및 운영수익

| 구분 | 금액 | 내용 | 비고 |
|---|---|---|---|
| ⑩ 보증금 | 300,000 | 통 임대 | |
| ⑪ 임대료+관리비(월) | 17,864 | 통 임대 시 평당 임대료 약 7.7만 원 | |
| ⑫ 월 이자 | 17,575 | ⑧ × 5.7% | |
| ⑬ 월 수익금 | 289 | ⑪ − ⑫ | 수익 |

## 3) 수익률

| 구분 | 금액 | 내용 | 비고 |
|---|---|---|---|
| ⑭ 실투자금(투자액−보증금) | 5,599,800 | ⑦ − ⑩ | 대출 포함 |
| ⑮ 연 총수익금(월세×12) | 214,368 | ⑪ × 12 | |
| ⓡ 수익률 | 3.82% | ⑮ ÷ ⑭ | |

## 4) 매각

| 구분 | 금액 | 내용 | 비고 |
|---|---|---|---|
| ⑭ 예상 건물가치 | 8,100,000 | 수익률 3% 매각 시 | 대출 포함 |
| ⑮ 매각 시 차익 | 2,200,200 | ⑭ − ⑦ | |

수지분석표 예시

## II. 임장 체크리스트와 물건비교표

완전하고 완벽한 건물이란 없다. 그래서 최대한 많은 건물을 찾아보고, 직접 임장을 수차례 다녀봐야 하며, 최종 후보로 올린 건물들을 비교해봐야 한다. 내가 진행 중인 '장사는 건물주다' 강의와 컨설팅에서는 임장과 물건 비교에 유용하게 사용할 수 있는 자료를 만들었고, 실제로 나 역시 잘 활용하고 있다. 임장할 때 무엇을 반드시 살펴봐야 하는지, 여러 물건을 비교해 그중 어떤 물건을 최종 선택해야 할지 도움을 줄 수 있는 문서다.

다음은 라라브레드가 실제 건물 매입 전 조사 과정에서 작성한 두 문서를 약간 수정한 예시이니 좋은 건물을 찾는 데 참고하기 바란다.

### 1. 임장 체크리스트

임장이란, 쉽게 말해 내가 사려는 건물을 현장에 가서 확인해보는 것이다. 전략 없이 무턱대고 갔다가는 시간 낭비만 하게 될 수도 있다. 다음 체크리스트를 참고하면 무엇을 봐야 하는지, 빠뜨린 것은 없는지 확인할 수 있을 것이다.

### 2. 물건비교표

건물을 딱 하나만 보고 바로 사는 것은 위험하다. 이는 어느 정도 내공이 쌓인 후에, 시간을 끌다가 놓칠 위험이 있을 때만 해야 할 선택이다. 내 사업을 하고자 하는 지역을 정했다면 그 일대의 건물을 여러 개 비교해봐야 하는데, 이때 비교의 기준이 되는 것들이 필요하다. 건물에 원하는 조건을 기준으로 해야 하는데, 이 기준은 '필수사항'과 '선택사항'으로 나누어볼 수 있다. 필수사항은 말 그대로 반드시 갖춰야 하는 조건이고, 선택사항은 '갖추면 좋지만 그렇지 않더라도 다른 조건들이 괜찮다면 넘어갈 수 있는' 조건이다.

아래는 필수사항 중 지역(이 예에서는 마포구나 종로구)에 맞춰 찾아낸 건물 최종 후보 5개를 필수사항과 선택사항에 따라 비교한 '물건비교표'다. 참고로 필수사항과 선택사항 모두 각자의 선호도나 업종, 건물 매입 이유 등에 따라 달라질 수 있으니 판단은 각자의 몫이다.

## 임장 체크리스트

| 구분 | | 내용 | 체크 (상중하) | 비고 |
|---|---|---|---|---|
| 건물 내부 | 공적장부와 현장 비교 | 이상 없음 | 상 | 실제 면적, 실제 층수, 엘리베이터 |
| | 실제 주차 대수 | 6대 | 상 | 건물 주변 도로 주차 가능 대수 확인 |
| | 위반건축물 여부 | 있음. 해소 가능 | 중 | 옥상, 주차장 등에 설치된 가건물 등 확인 필요 |
| | 옥상 방수<br>천장 및 벽면 누수 흔적 | 옥상 방수 필요 | 중 | 옥상 확인 어려울 시 천장의 누수 흔적 확인 |
| | 벽면 균열/결로 | 균열 및 결로 없음 | 상 | 베란다, 지하, 창호 주변 등 확인 |
| | 옥상에서 바라보는 전망 | 하천변 영구조망 | 상 | 옥상 확인이 어려울 시 최상층 전망 확인 |
| 건물 외부 | 유동인구 | 2030세대 저녁 시간 유동인구 많음 | 상 | 시간대별 유동인구 확인/유동인구의 유형 분석(연령, 성별 등) |
| | 주변 신축 여부 | 근생 신축 다수 진행 중 | 상 | 주변에 신축되고 있는 사례가 많으면 지역 활성화 가능성 있음 |
| | 도로와의 관계 | 6m도로, 교행 가능 | 상 | 접하는 도로의 너비(4m 이상인지 확인), 차량 진입 여부 |
| | 주변 주차 환경 | 500m 근방 공영주차장 이용 가능 | 상 | 공영주차장, 거주자 우선 주차장 등 |
| 주변 환경 | 대중교통 정류장, 역에서 실제 소요시간 | 4호선 A역 도보 3분<br>주변 버스정류장 다수 | 상 | 직접 걸으며 보행로 상태(오르막길, 인도와 차도의 구분 등) 확인 |
| | 주변 임대료(시세) | 1층 평당 약 10만 원<br>지하 및 2~4층은 평당 약 6만 원<br>평균 평당 7.5만 원 | 중 | 평당 임대료/층별 확인 |
| | 주변 상가 공실률 | 1층 공실 없음<br>2, 3층 일부 공실 | 중 | 부동산 상담, 도보 임장 |
| | 최근 실거래 건물 찾아가 보기 | A건물: 2019년 평당 6,400만 원 거래/리모델링/공실 없이 전 층 임대 중<br>E건물: 2019년 평당 4,600만 원거래/숙박시설/시설양호 | 상 | 위치, 외관, 건물상태 등 살펴보며 실거래 이유 찾아보기 |
| | 주변 상권 | E대학교 로데오 거리/D시장 구청, 경찰서 주변, 관공서상권/일더 유동인구 많음 | 상 | 주변 상권의 특성 확인(카페거리, 먹자골목, 유흥상권 등) |
| | 편의점, 지역 식당 인터뷰 | 주요 소비 연령층 : 2030 여성<br>상권 활성화: 양호 | 상 | 주요 소비 연령층, 상권 활성화 정도 |
| 호재 | 교통 호재 | 지하철 호재 반영 | 중 | 지하철 개통 및 연장 진행 상황 등 |
| | 개발 및 인프라 호재 | 거천 수변 활력 거점사업<br>지구단위 계획상 단독개발 가능 | 상 | 정부 주도 개발 사업, 대형 상업시설 계획 등 |

**임장 체크리스트**

## 물건비교표(필수/선택사항 반영)

| 물건 | A건물 | B건물 | C건물 | D건물 | E건물 |
|---|---|---|---|---|---|
| 매매가 | 18.0억 원 | 8.0억 원 | 16.0억 원 | 21.0억 원 | 17.0억 원 |
| 감평금액 | 19.0억 원 | 5.0억 원 | 13.0억 원 | 24.8억 원 | 17.0억 원 |
| 평당금액 | 4,286만 원 | 4,678만 원 | 3,478만 원 | 5,024만 원 | 5,105만 원 |
| 용도지역 | 2종 일반주거 | 일반 상업 | 2종 일반주거 | 2종 일반주거 | 2종 일반주거 |
| 용도 | 올근생 | 주택 | 올근생 | 올근생 | 올근생 |
| 대지면적(평) | 42.0평 | 17.1평 | 46.0평 | 41.8평 | 33.3평 |
| 건축면적(평) | 25.0평 | 9.6평 | 28.0평 | 27.0평 | 19.0평 |
| 연면적(평) | 62.0평 | 9.6평 | 86.0평 | 80.0평 | 75.0평 |
| 지상연면적(평) | 48.0평 | 9.6평 | 70.0평 | 80.0평 | 56.0평 |
| 지상층/지하층 | 지하 1층/2층 | 1층 | 지하 1층/3층 | 4층 | 지하 1층/4층 |
| 건폐율(%) | 59.5% | 56.1% | 60.9% | 64.6% | 57.1% |
| 용적률(%) | 114.3% | 56.1% | 152.2% | 191.4% | 168.2% |
| 주차 | 2대 | 0 대 | 1대 | 0대 | 2대 |
| 임대보증금 | 1.0억 원 | 0.5억 원 | 0.7억 원 | 0.7억 원 | 1.0억 원 |
| 임대 월세 | 500만 원 | 150만 원 | 200만 원 | 450만 원 | 350만 원 |
| 수익률 | 3.5% | 2.4% | 1.6% | 2.7% | 2.6% |
| **필수사항** | | | | | |
| 마포구, 종로구 | O | O | O | O | O |
| 20억 이하 | O | O | O | X | O |
| 감평≥매가 | O | X | X | O | O |
| 매장, 사무실 직접 사용 | O | X | O | O | O |

| 선택사항 | 배점 | | | | | |
|---|---|---|---|---|---|---|
| 연면적 (40평 이상) | 30 | 30 | 10 | 30 | 30 | 30 |
| 역세권 (도보 5분) | 20 | 20 | 20 | 15 | 20 | 20 |
| 수익률(3%) | 20 | 20 | 10 | 5 | 15 | 15 |
| 인접도로 (6m 이상) | 10 | 10 | 0 | 10 | 10 | 10 |
| 유동인구 | 10 | 5 | 5 | 0 | 5 | 0 |
| 주차 | 10 | 10 | 0 | 10 | 0 | 10 |
| 계 | 100 | 95 | 45 | 70 | 80 | 85 |

물건비교표 예시(필수/선택사항 포함)

### ① 필수사항 비교

표에서 알 수 있듯이 당시 우리가 생각한 '필수사항'은 크게 4가지였다. 지역(마포구, 종로구), 가격(20억 이하), 적절한 평가(감정평가가 매매가 이상), 용도(매장과 사무실로 직접 이용 가능)가 그 기준이었다.

순서를 따져보자면 지역 선정이 가장 먼저였다. 새로운 지점을 열고자 하는 지역이 있었기 때문이다. 그 일대에서 매물로 나온 건물 중 총 5개를 찾아내거나 추천받았고, 이때부터 본격적인 검증 작업이 시작됐다.

또 다른 필수사항은 매매가가 20억 원 이하여야 한다는 것이었다. D건물은 다른 조건을 볼 것도 없이 여기서 탈락했다. 이어서 건물이 고평가되어 있지는 않은지 판단했다. 나아가 저평가된 건물, 즉 감정평가액이 시장에 나온 매매가보다 높다면 당연히 더 좋다. 이 조건을 충족하지 못한 B건물과 C건물도 제외했다. 마지막 필수사항은 우리가 건물을 사려는 주된 용도, 즉 매장과 사무실로 직접 이용할 수 있어야 한다는 점이었다. 그렇기에 최소 2층 이상이어야 했는데, B건물은 단층이라 이 기준에서도 부적합했다.

이렇게 필수사항 4가지를 모두 충족한 건물은 A건물과 E건물, 총 2개가 남았다.

### ② 선택사항 비교

필수사항을 충족하는 건물들은 나머지 '선택사항'을 얼마나 충족하느냐를 따져본다. 필수사항이 O, X의 문제라면, 선택사항은 '얼마나 더 충족하는가'

에 따라 점수로 계산하는 것이 좋다. 우리는 총 5가지 선택사항을 꼽았고, 그 중 가장 중요하게 여긴 연면적은 30점 만점으로 계산했다. 나머지 4가지 선택사항도 우리가 생각하는 중요도에 따라 10점에서 20점 만점으로 배점을 정했다. 총 100점 만점으로 5개의 건물을 모두 평가해본 결과, A건물은 95점, E건물은 85점으로 나왔다. 다른 3개의 건물은 점수와 무관하게 필수사항을 하나 이상 충족하지 못했으니 계산이 별 의미가 없었다.

### ③ 물건비교표의 필요성

건물을 살 때 물건비교표를 작성해야 하는 이유는 뭘까? 여러 장점이 있지만, 나는 단언컨대 '충동구매'를 막을 수 있다는 점을 꼽는다. 건물을 충동구매하는 사람이 어디 있느냐고 생각할지도 모르지만, 의외로 그런 경우가 많다. 사람은 감정이 있고 가끔은 놀라울 정도로 비합리적인 판단도 내리는 존재인 만큼 스스로를 속이기도 한다. 물건비교표가 없으면 여러 후보 건물 중 최종 선택은 결국 '감'에 의존하는 경우가 많다. 이때는 먼저 본 건물이 더 기억에 남아 있을 수도 있고, 첫인상 때문에 실제보다 더 좋아 보이는 건물이 있을 수도 있다.

실제로 예시의 최종 후보 2개 중 우리의 눈에는 E건물이 더 좋아 '보였다'. 그러나 객관적인 지표를 따져본 결과, 우리는 모든 필수사항을 충족하면서 선택사항에서 가장 높은 점수를 받은 A건물을 택했고, 그 결과에 100% 만족한다.

# III. 확인 필요한 공문서

수지분석을 끝내고 건물을 매입할 때는 반드시 몇몇 서류를 확인해봐야 한다. 귀찮아서 혹은 확인해야 한다는 사실을 몰라서 이 과정을 건너뛰었다가는 큰 손해를 볼 수 있다.

확인이 필요한 주요 서류와 반드시 확인해야 할 부분은 다음과 같다.

### 1. 등기사항전부증명서

소위 '등기부등본'이라 부르는 공문서로, 소유권 및 권리 관계가 나와 있다. 발급은 '인터넷등기소'에서 온라인으로 받거나 구청 등에서 직접 받을 수 있다.

'등기사항전부증명서'는 표제부, 갑구, 을구, '주요 등기사항 요약'으로 구분

된다. 각각에서 확인해야 할 것들은 다음과 같다(요약은 참고사항에 불과하니 설명 생략).

① **표제부:** 부동산 표시에 관한 사항이 나와 있으며, 표시번호, 접수연월일, 소재·지번, 지목, 면적, 등기원인, 건물의 종류, 구조와 면적 등과 도면의 번호가 기록된다.

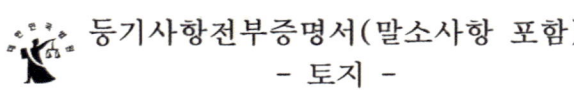

**등기사항전부증명서 '표제부'**

②**갑구:** 건물의 소유권에 관한 사항이 기록되어 있다.

| 순위번호 | 등 기 목 적 | 접 수 | 등 기 원 인 | 권리자 및 기타사항 |
|---|---|---|---|---|
| 1<br>(전 59) | 공유자지분전부이전 | 1999년10월1일<br>제■■호 | 1999년9월1일<br>매매 | 소유자 정■■■■■-******<br>　　　　서울 동대문구 ■■■■■<br><br>부동산등기법 제177조의 6 제1항의 규정에<br>의하여 2000년 12월 28일 전산이기 |
| 2 | 소유권이전 | 2001년4월28일<br>제■■호 | 2001년3월5일<br>매매 | 공유자<br>지분 2분의 1<br>유■■■■-*******<br>　남양주시 와부읍 ■■■■■■■■■■<br><br>지분 2분의 1<br>임■■■■-*******<br>　경기도 양평군 ■■■■■■■■■■■ |
| 2-1 | 2번등기명의인표시<br>변경 | 2006년12월19일<br>제■■호 | 2004년5월7일<br>전거 | 유■의 주소 경기 양평군 ■■■■■■<br>■■■■■ |
| 2-2 | 2번등기명의인표시<br>변경 | | 2011년10월31일<br>도로명주소 | 유■의 주소 경기도 양평군 ■■■■■■■■<br><br>2013년11월20일 부기 |
| 3 | 공유자전원지분전부<br>이전 | 2023년5월30일<br>제■■호 | 2023년5월15일<br>매매 | 소유자 ■■■■■주식회사 ■■■■■■■■<br>　경기도 남양주시 진접읍 ■■■■■■■■■<br><br>매매목록 제2023-■■호 |

**등기사항전부증명서 '갑구'**

③ **을구:** 건물 소유권 외의 권리 사항을 다룬다. 일반적으로 근저당 관련 사항들을 볼 수 있다.

| 【 을 구 】 | ( 소유권 이외의 권리에 관한 사항 ) | | | |
|---|---|---|---|---|
| 순위번호 | 등 기 목 적 | 접 수 | 등 기 원 인 | 권리자 및 기타사항 |
| 1 (전 15) | 근저당권설정 | 1999년10월1일 제▇▇▇호 | 1999년9월30일 설정계약 | 채권최고액 금600,000,000원 채무자 정▇▇ 서울 동대문구 ▇▇▇▇▇▇▇ 근저당권자 주식회사 ▇▇은행 서울 중구 남대문로 (▇▇▇ 단자지점) 공동담보 동소동번지 건물 |
| 1-1 | 1번근저당권변경 | 2001년5월22일 제▇▇▇호 | 2001년5월21일 계약인수 | 채무자 유▇▇ 남양주시 와부읍 ▇▇▇▇▇▇▇ |
| 2 (전 16) | 근저당권설정 | 1999년11월2일 제▇▇▇호 | 1999년11월1일 설정계약 | 채권최고액 금400,000,000원정 채무자 정▇▇ 서울 동대문구 ▇▇▇▇▇▇▇ 근저당권자 이▇▇ ▇▇▇▇▇▇▇ 서울 동작구 ▇▇▇▇▇▇▇ 104호 공동담보 동소동번지 건물 |
| | | | | 부동산등기법 제177조의 6 제1항의 규정에 의하여 1번 내지 2번 등기를 2000년 12월 28일 전산이기 |
| 3 | 2번근저당권설정등기말소 | 2001년11월2일 제▇▇▇호 | 2001년11월1일 해지 | |

**등기사항전부증명서 '을구'**

## 2. 건축물대장

'건축물대장'은 건축물의 위치나 면적, 구조, 용도를 비롯해 건축물 소유자의 정보를 담은, 일종의 '건축물 이력서'라 할 수 있다. 건축물대장에서 확인해야 할 사항은 다음과 같다.

### ① 위반건축물 여부

위반건축물이란 쉽게 말해 '불법건축물'이라 할 수 있다. 위반건축물로 구분되는 이유는 워낙 다양하니 생략하기로 하고, 확인하는 방법은 다음과 같다.

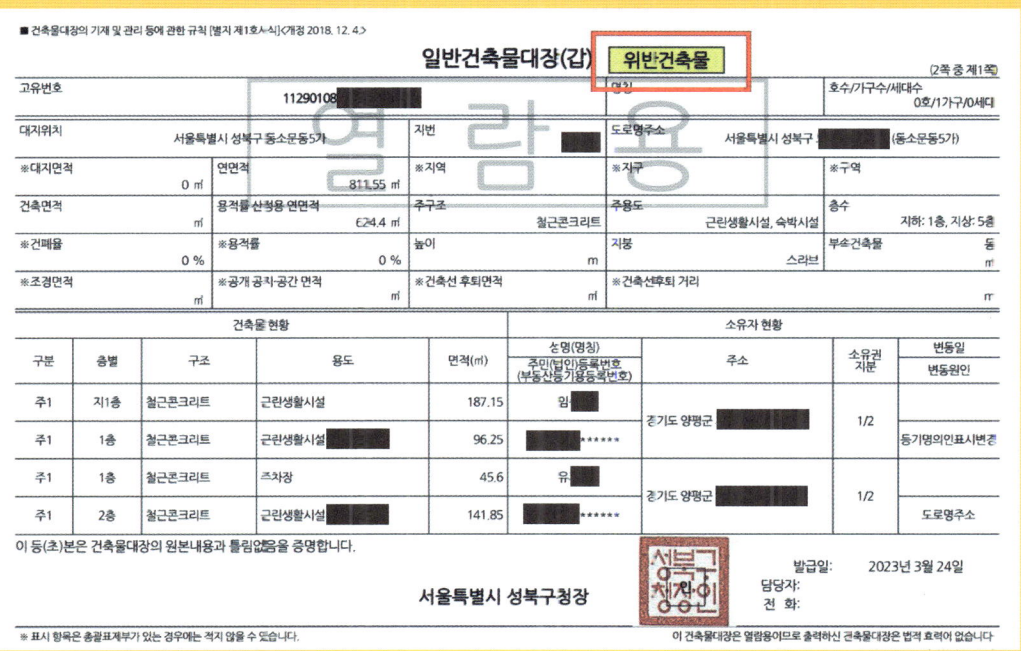

일반건축물대장-위반건축물 확인

위반건축물인 경우 건축물대장 오른쪽 상단에 노란색으로 표시되어 있다. 위반사항과 정도에 따라 건축물의 가치에 미치는 영향이 다르지만, 위반사항을 해소할 때까지 이행강제금이 부과된다. 또한, 위반사항이 중대하다면 대출이 제한되기도 한다. 이행강제금이 건물 이용수익에 비해 작은 경우도 많으니 이를 고려해 매입 여부를 결정하는 것이 좋다. 특히 신축이나 리모델링을 할 예정이라면 매도자와 협의하여 위반사항을 해결한 후 매입하기도 한다.

② **토지 및 건축물 현황**

주소와 대지면적[1], 건축면적[2], 용적률[3], 건폐율[4], 층수, 건축물 층별 용도 및 면적, 사용승인일, 하수처리시설 용량 등을 확인할 수 있다.

---

1 대지면적: 해당 건축물이 위치한 대지의 면적. 건축물대장의 대지면적이 등기사항전부증명서나 토지대장에 나온 대지면적보다 작을 때가 있는데, 이는 건축법에 따라 해당 토지의 일부를 도로로 내어주었다는 의미이다.
2 건축면적: 건축물 각층(지하층 포함) 바닥면적의 합계를 뜻한다. 보통 '연면적'이라고 부른다.
3 용적률: 대지면적에 대한 건축 연면적의 비율을 뜻하는데, 이때 지하층은 포함하지 않는다.
4 건폐율: 대지면적 가운데 최대한 건축할 수 있는 면적을 나타내는 비율을 뜻한다.

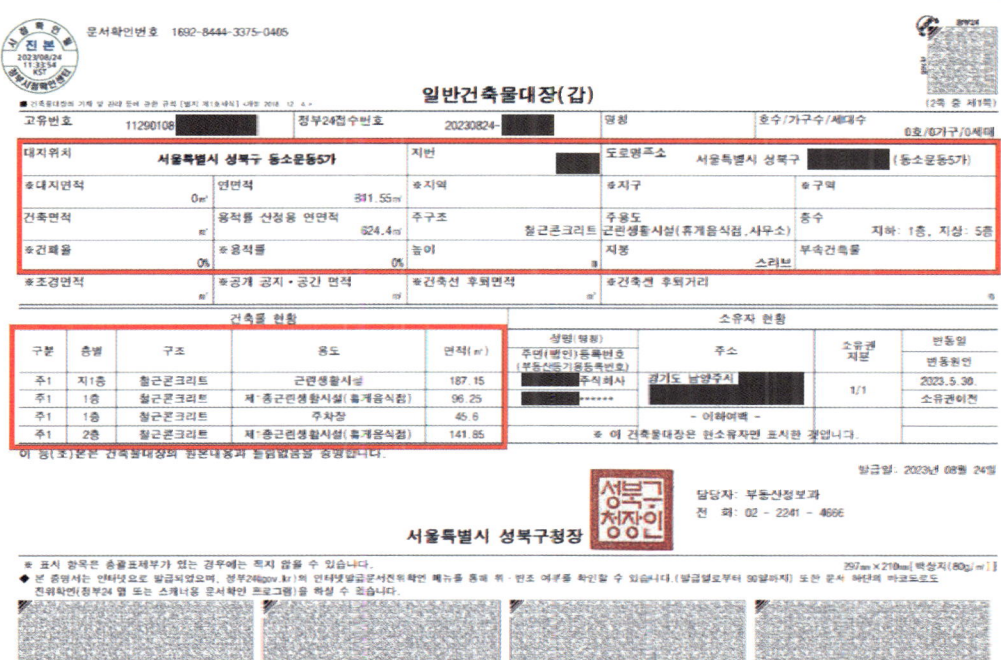

일반건축물대장-토지 및 건축물 현황

③ **기타:** 주차장 및 승강기 여부, 변동사항

건축물대장에는 해당 건물에 주차장이 있는지, 옥내와 옥외 또는 인근 어디에 있는지, 자주식인지 기계식인지 등이 담겨 있다. 또한, 승강기가 있는지도 확인할 수 있다.

상업용 건물에서 주차장과 승강기는 매우 중요하다. 요즘은 차를 가진 사람이 많아지고 SNS가 발달해 멀리서도 찾아오는 손님이 많은 만큼 주차 공간을 확보하지 못하면 손님을 받는 데 제한이 생기고, 승강기가 없으면 고층의 가치가 상대적으로 떨어진다.

마지막으로, 건축물대장에는 '변동사항' 항목이 있는데, 위반건축물인 경우 위반사항의 구체적인 내용을 확인할 수 있고, 임차인들의 업종에 따라 건물 용도를 변경한 내용 등도 들어 있다.

# IV. 건물 가치를 높이는 신축과 리모델링

## 라라브레드 송정점 사례

'흑자 전략'과 '이면을 보는 눈'을 통해 현재로서는 가치가 떨어지는 곳을 저렴하게 매입해서 직접 영업을 함으로써 건물 가치를 높이는 것이 레버리지 서클의 핵심 중 하나다. 이때 건물 가치를 올리는 방법은 크게 세 가지다.

첫째, 상대적으로 가치가 높은 건물과 낮은 건물을 '합필'하는 것이다. 예를 들어, 똑같은 평수의 건물 두 채가 붙어 있다고 해보자. 하나는 도로변에, 다른 하나는 도로에 접하지 않은 곳에 있는 경우, 다른 문제나 하자가 있지 않은 이상 도로변 건물의 가치가 훨씬 높을 수밖에 없다. 만약 이 두 건물을 사들여 하나로 합친다면, 즉 '합필'한다면, 도로에 접하지 않았던 건물의 가치가 도로변 건물과 같아진다. 그렇기에 이면을 보는 눈이 중요하다.

둘째, 내 콘텐츠를 잘 키워 사업을 성공시킨다. 업종에 따라 다르겠지만, 예를 들어 장사를 한다면 방문 고객 수가 매우 중요하다. 장사가 잘돼 손님이 많이 몰리는 곳이라면 임대를 하더라도 높은 가격을 받을 수 있고, 이는 건물 가치의 상승으로 연결된다.

셋째, 건물 자체의 가치를 직접적으로 높인다. 2층짜리 낡은 주택을 깨끗하고 예쁜 3층 건물로 탈바꿈할 수 있다면 건물 가치는 비교도 하기 힘들 만큼 커진다. 이는 신축 또는 리모델링을 통해 가능하다.

만약 세 가지를 모두 합칠 수 있다면 금상첨화다. 저렴한 건물들을 사서 합필하고, 그 자리에 신축이나 리모델링으로 새로운 건물을 세운 후, 직접 장사해서 많은 손님까지 끌어모은다면 건물 가치는 수직상승한다. 이는 라라브레드에서 주로 사용하는 방법이기도 하다.

라라브레드 사례를 통해 건물 가치 높이는 방법을 알아보자.

### 1. 적당한 건물을 찾은 과정

#### ① 상업지역의 노후 주택

광주 송정동 라라브레드의 위치는 광주 송정역 인근이다. 서울에서 잠실점 성공 후 2호점을 열고 싶었으나 어디에서 시작해야 할지 확실하게 정하지 못하고 있던 시기에 고향인 광주를 찾았다가 시간이 좀 남아서 송정역 주변을 산책했다. 이곳은 분명 상업지역인데, 조금 뜬금없어 보일 정도로 상업지역에 어울리지 않는 주택 2채가 있었다. 이 주택들 외에는 모두 상업용 건물로 이용되고 있었다. 상업지역의 건물을 주택으로 사용하는 것부터가 기본적으로는 땅의 가치에 맞지 않게 사용하고 있는 셈이었다. 그러나 내 눈에는 이게 기회로 보였다.

**라라브레드 송정점 입점 전 건물의 도습**

**합필하기 전의 두 건물**

## ② 이면을 보는 눈으로 찾아낸 값진 흰자

당시 내 머릿속은 온통 라라브레드 2호점에 쏠려 있었기 때문에 곧장 머릿속으로 분석에 들어갔다. 대략적인 분석 내용은 다음과 같았다.

첫째, 상업지역이긴 하나 상권이 활성화된 지역은 아니다. 오히려 출장이나 여행을 온 사람들이 이용하는 숙박시설이 많다.

둘째, 거주 인구가 많지 않고, 대부분은 노인층이다. 상업적으로는 수요가 제한될 수 있다.

여기까지만 보면 그냥 지나쳤어야 옳다. 그러나 오랜 장사 경험과 부동산 관련 공부, 당시의 깊은 관심에서 생겨난 통찰 덕에 머릿속에 그림이 그려졌다. 이 낡은 주택들을 합쳐 라라브레드가 입점하기에 좋은 건물로 리모델링 했을 때의 그림이었다.

**라라브레드 송정점**

이런 상상력은 그냥 나온 것이 아니다. 송정역을 자주 이용했던 사람으로서 몇 가지 근거가 있었다.

　첫째, 광주 송정역 인근에는 차를 이용해 이동하는 사람이 많다. 역 앞 삼거리는 기차를 타는 가족들을 배웅하는 차량이 항상 가득해 도로가 늘 복잡할 정도이다. 열차를 기다리는 사람들이 할 것이 마땅치 않다.

　둘째, 근처에 사람들이 환호할 만한 카페가 없다. 역 바로 앞에 카페가 있긴 하나 그 일대는 주차가 매우 불편해 열차 기다리는 사람들이 잠깐 머무는 정도였고, 커피 맛이나 인테리어 등도 내가 보기에는 특별하지 않았다. 라라브레드는 이미 검증이 된 곳이니 주차 문제만 해결할 수 있다면 수요가 충분해 보였다.

　셋째, 마케팅만 잘하면 수요를 '흡수'할 수 있다. 광주는 지역 특성상 카페나 식당을 이용할 때 대중교통보다는 차량을 많이 이용한다. 앞서 말한 것처럼 주차 문제를 해결하고 마케팅만 잘한다면 송정역 인근이 아니더라도 더 멀리서도 찾아올 것이라 보았다. 특히 '낙후된 지역'이라는 이미지 때문에 청년층이 기피하는 경향이 있는 곳인 만큼, 오히려 그들의 니즈를 자극할 만한 카페가 있다면 충분히 가능성이 있어 보였다.

　추가로 부동산 관점에서도 가치상승을 기대할 만했다. 상업지역은 땅의 가치가 높기 때문에 언젠가 다른 용도로도 활용이 가능해 보였다.

## 2. 신축과 리모델링

### ① 신축 vs. 리모델링

운 좋게도 아직 다른 사람들이 발견하지 못하고 지나친 기회를 찾아냈지만, 내 머릿속의 구상을 그대로 실현하기에는 조금 어려운 점이 있었다. 내가 원하던 건물을 그대로 구현하려면 아무래도 신축하는 편이 좋았으나, 그러기에는 가용자금에 한계가 있었다. 더욱이 그 일대는 임대료 상한선이 높지 않아 투입 자금 대비 수익에 한계가 명확했다. 결국, 리모델링으로 방향을 선회했다.

### ② 리모델링 콘셉트

젊은 층을 끌어들이려면 그들이 좋아할 만한 확실한 콘셉트가 필요했다. 확실한 콘셉트가 필요한 또 다른 이유는 그게 마케팅에 훨씬 유리하기 때문이다.

당시 2030세대는 '빈티지vantage' 콘셉트의 카페를 선호했다. 마침 인근에 그런 카페가 없었으니 빈티지 느낌의 카페로 방향을 잡았다. 여기에 덧붙여 젊은 층이 좋아할 만한 '힙한' 느낌을 살리기로 했다. 결과부터 말하자면 이는 적중했고, 현재 라라브레드 송정점은 그 일대의 '핫플레이스'가 되어 멀리서도 2030대가 차를 끌고 와 이용하고 있다. 좋은 콘셉트와 이를 구현해낸 리모델링 역시 성공의 주요 요인이 되었다.

라라브레드 송정점 외부 인테리어

③ **콘셉트 구현1. 갤러리 공간**

합필하기 전의 뒷동은 자칫하면 '멀어서 들어가기 귀찮은 곳'이 될 수도 있는데, 이를 오히려 '분위기가 좋아서 들어가고 싶은 곳'으로 만들기로 했다. 그래서 젊은 층을 끌어들일 요소로 지역 예술가들과 연계하여 갤러리를 운영하고 있다. 이곳은 지금까지도 정기적으로 작품을 바꿔가며 전시하는 공간이 되었다.

**라라브레드 송정점 갤러리 공간**

④ 콘셉트 구현2. 옥상을 활용한 테라스

2층 건물의 옥상은 자칫하면 '버리는' 공간이 되기 쉽다. 인테리어를 하기도 쉽지 않고, '바깥'에서 커피를 마시기를 원치 않는 사람도 많기 때문이다. 그러나 이 역시 젊은 층이 선호하는 힙한 느낌의 테라스로 탈바꿈했다.

**라라브레드 송정점 옥상 테라스**

⑤ 문제 해결

갤러리와 옥상 테라스 등의 여러 요소로 카페의 콘셉트를 극대화한 데 덧붙여 그 일대에서 브런치 카페를 찾기 힘들다는 점에 착안해 브런치 메뉴를 강화했다. 그렇다 보니 직접 운전해서 찾아오는 경우가 많았다. 이런 상황에서는 필연적으로 주차 문제가 발생할 수밖에 없다. 더욱이 협소한 공간에 주차 시설을 충분히 갖추기란 힘든 일이었다. 건물 앞 공간을 주차장으로 활용해 일부 해결할 수 있지만, 여전히 부족했다. 이에 멀지 않은 곳의 공터 주인과 협의하여 소정의 월세를 내고 주차장으로 이용하고 있다. '카로 앞'이라고 해도 될 정도로 가까운 거리인 만큼 손님들도 이 문제로 불만을 표한 적은 없다.

# V. 강호동 대표의 건물 개발 사례

나는 총 9개의 건물을 '개발'했다. '개발'이라고 표현한 이유는 매입해서 있는 그대로 사용하지 않고 항상 신축이나 리모델링을 거쳤기 때문이기도 하고, 절반이 넘는 5개는 PM(Project Maganer)으로서 투자자를 모아서 공동투자를 진행했기 때문이기도 하다.

9개의 건물에는 각각의 특징이 있다. 서로 다른 9개의 개발 사례를 살펴보는 것은 아직 건물과 부동산이 생소한 사람들에게 도움이 될 것이다.

다음은 앞서 소개한 라라브레드 송정점을 제외한 나머지 8개의 개발 사례이다.

## 1. 라라브레드 공릉점 개발 사례

### ① 개발 전후 비교

라라브레드 공릉점 개발 전후

### ② 설명

위 사진의 왼쪽은 라라브레드 공릉점이 들어서기 전의 모습이다. 건물을 완전히 허물고 신축했다. 당시 상권이 막 형성되기 시작할 무렵에 입점했는데,

이 지역의 랜드마크가 되겠다는 목표로 인테리어에서도 이를 반영했다. 주위에는 특색 없는 회색 건물이 대부분이었는데, 시야가 트인 곳에 화사한 색깔로 지어서 멀리서도 눈에 띄게 했다.

현재는 리스백[5] 형태로 매각 후 매장을 운영 중이다.

---

5  건물주가 자신의 부동산을 매각한 후 매수자와 임대차 계약을 맺어 임차인으로서 그 부동산을 사용하는 것. 자영업자로서 수익을 충분히 내고 있다면 어느 정도의 수익을 보장함으로써 높은 가격에 매수하여 단기간에 차익을 올리는 동시에 사업을 계속해서 이어갈 수 있다.

라라브레드 공릉점 외관

부록 레버리지 서클 제대로 활용하기

## 2. 라라브레드 길동점 개발 사례

### ① 개발 전후 비교

라라브레드 길동점 개발 전후

### ② 설명

흔히 '꼬마빌딩'이라고 할 만한 규모의 건물 개발을 처음으로 시도한 사례다. 송정점과 마찬가지로 '합필'을 통해 면적을 확보하는 동시에 가치를 상승시켰다. 이 일대도 역시 별다른 특색이 없는 지역이었고, '흰자 내에서 1등이 된다'는 전략으로 접근해 지역 랜드마크가 되는 것을 목표로 삼았다. 현재는 공릉점과 마찬가지로 리스백 형태로 운영 중이다.

## 3. 망원동 개발 사례

### ① 개발 전후 비교

**망원동 건물 개발 전후**

### ② 설명

당시 망원동에는 '망리단길'이라는 상권이 형성되어 있었다. 그 끝자락에 있던 작고 저평가된 건물을 찾아내 매입 후 신축했다. 본래는 라라브레드의 새로운 지점을 오픈할 예정이었으나, 완공 무렵이 정확히 코로나19로 인한 자영업자들의 위기가 정점에 달했을 때였다. 긴 논의와 고민 끝에, 결국 망원점 오픈은 다음 기회로 미루기로 했다. 그러나 저평가된 곳을 저렴하게 매입해 잘 지은 건물이라 준공과 동시에 만족할 만한 가격에 팔 수 있었다.

## 4. 라라브레드 상암점 개발 사례(공동투자)

### ① 개발 전후 비교

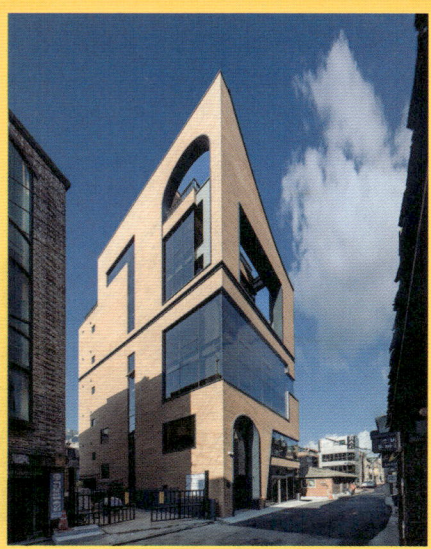

라라브레드 상암점 개발 전후

### ② 설명

디지털미디어시티$^{DMC}$ 역 인근 골목, 나란히 붙은 두 개의 상가를 합필하여 깔끔하고 세련된 5층 건물로 리모델링했다. 첫 공동투자 개발 사례로, 내가 PM을 맡아 사무실을 이용하려는 개인사업자와 건물을 직접 이용하지 않는 대신 임대수익과 매매차익을 원하는 투자자를 섭외해 개발을 진행했다.

## 5. 논현동 라라브레드 사옥 개발 사례(공동투자)

### ① 개발 전후 비교

라라브레드 논현점 개발 전후

### ② 설명

강남 땅값이 비싸다는 것쯤이야 부동산에 관심이 전혀 없는 사람도 안다. 그러나 공동투자를 활용하면 생각보다 적은 비용으로 강남 건물주가 될 수 있다. 더욱이 자영업자는 자신이 직접 건물을 활용하니 공실이 줄어든다는 점에서 유리하고, 매출을 충분히 올릴 수만 있다면 공동투자를 하기도 편리하다.

이곳은 내가 운영 중인 라라브레드와 디벨로 사옥 겸 '장사는 건물주다' 강의장으로 사용할 예정인 만큼 공실 위험이 크게 줄었다. 대신 비용을 혼자서 감당하기에는 부담이 컸기에 강남에 사옥이 필요한 다른 사업가 2명과 강남 건물에 투자하고 싶은 투자자를 섭외해, 내가 PM을 맡고 현재 개발 진행 중이다. 완공되면 나 외에도 2명의 자영업자가 자신의 건물에서 사업할 수 있게 될 것이다.

### 6. 역삼동 개발 사례(공동투자)

#### ① 개발 전후 비교

역삼동 개발 전후

② **설명**

논현동 건물과 비슷한 시기에 역삼동에서도 좋은 건물을 찾아내 계약했다. 현재 신축 중으로, 앞 사진의 오른쪽은 완공 후의 조감도다. 이번에도 사옥이 필요한 사업가와 투자자를 섭외해 PM으로서 개발을 진행했다.

## 7. 구미 공동투자 개발 사례

① **개발 전후 비교**

구미 공동투자 개발 전후

② 설명

'창업오빠' 유튜브에서 자영업자들에게 건물주가 될 방법을 알려주면서 수많은 사람에게서 "그건 서울에서만 가능한 것 아닌가요?"라는 질문을 받았다. 라라브레드 광주 송정점 성공 사례가 있었지만, 하나만으로는 운이 좋아서 성공한 게 아니냐는 의심을 피하기 힘들었다. '충분히 가치가 있지만 저평가된' 건물을 찾아 수요가 맞는 사람들의 공동투자를 끌어낼 수 있다면 (물론 단독 투자도 무관하다) 지방에서도 레버리지 서클의 세계관이 통할 것이라는 믿음으로 개발을 시작했다. 1층에서 장사할 매장을 찾는 자영업자와 사무실이 필요한 사업가를 섭외해, PM이자 투자자로서 공동투자를 진행했다.

## 8. 성신여대 인근 건물 개발 사례(공동투자)

① 개발 전후 비교

라라브레드 성신여대점 개발 전후

② **설명**

공동투자는 부동산 지식이 해박한 사람이나 전문 투자자만 가능할 거라고 믿는 사람이 많다. 자영업자 건물주 만들기 프로젝트의 일환으로 '장사는 건물주다' 강의를 진행할 때도 수강생 대부분이 그렇게 생각한다. 그러나 모두가 전문 지식이 풍부하고 모두가 돈이 충분하다면 공동투자는 할 필요도 없다. 그런 부족한 부분을 메우기 위해 공동투자를 하는 것이다. 그게 가능하다는 사실을 보여주기 위해 '장사는 건물주다' 수강생과 함께 공동투자로 참여한 사례가 바로 라라브레드 성신여대점이다. 내가 직접 투자자 겸 PM으로서 진행 중이고 리모델링이 끝나면 라라브레드가 입점할 예정이다.

# VI. 라라브레드 잠실점 사례로 알아보는 임대 VS 매입

라라브레드 1호점인 잠실점은 내게 아픈 손가락 같은 곳이면서도 한편으로는 내게 건물주가 되겠다는 확고한 의지를 심어주는 지점이었다. 가끔 그런 생각을 한다.

'잠실점을 임대가 아니라 매입해서 운영했다면 어땠을까?'

상상에 그쳐서는 효과를 알 수 없기에 시뮬레이션을 통해 계산해봤다. 그 차이를 시각화해 본다면 건물주가 되어야 할 이유를 조금은 명확히 알 수 있을 것이다.

신축이나 리모델링 없이 인테리어만 한다는 가정하에 잠실점을 임대와 매입으로 운영했을 때 각각을 계산해보면 다음과 같다.

### 1. 가정

- 건물 가격: 2017년 당시 매매가를 20억 원으로 가정
- 최종 비교 시점: 5년 후
- 이자: 연 6%(2017년 당시에는 이자가 3% 내외였지만, 2024년 현재 기준으로 계산)
- 보증금(임대 시): 1억 원
- 월세: 700만 원
- 권리금: 입점 시점 0.8억 원(실제 지출), 정리 시점 2억 원(상권 부흥시킨